TABLEAUX ANCIENS

ET MODERNES

PASTELS

Dessins, Aquarelles, Gouaches

GRAVURES EN COULEUR, du XVIIIe siécle

CONDITIONS DE LA VENTE

La vente sera faite au comptant.

Les acquéreurs paieront **17 fr. 50 pour cent** en sus des enchères.

ORDRE DES VACATIONS

Le Lundi 21 juin 1920

	Numéros.
Pastels.	1 à 36
Tableaux.	37 à 119

Le Mardi 22 Juin 1920

Gouaches en couleurs du xviiie siècle	120 à 125
Dessins, aquarelles, gouaches.	126 à 185
Tapisserie	186

Paris. — Imp. Georges Petit. — 457-20.

CATALOGUE

DES

TABLEAUX ANCIENS

ET MODERNES

ŒUVRES DE

BELLOTTO, VAN CEULEN, COYPEL, DESHAYS, DUCREUX, EISEN, GRIMOU, LEPICIÉ
LEPRINCE, MONNOYER, NATOIRE, PATER, PERRONNEAU, PRUD'HON, H. ROBERT, TOCQUÉ
L.-M. VANLOO, WATTEAU, ETC., ETC.

COROT, MONTICELLI, REGNAULT, VOLLON, ZIEM, ETC.

PASTELS

PAR

Mme LABILLE-GUIARD, M.-Q. DE LA TOUR, LIOTARD, J.-B. PERRONNEAU, L. VIGÉE, ETC.

Dessins, Aquarelles, Gouaches

PAR

BAUDOUIN, BOILLY, BOUCHER, CHARLIER, DANLOUX, DUCREUX
FRAGONARD, GAINSBOROUGH, GREUZE, HOIN, J.-B. HUET, INGRES, LAWREINCE, LEPRINCE
MARÉCHAL, L. MOREAU, J.-B. OUDRY, PANNINI, PILLEMENT
PORTAIL, RUBENS, A. DE SAINT-AUBIN, VINCENT, WATTEAU, ETC., ETC.

GRAVURES EN COULEUR, du XVIIIe siècle

TAPISSERIE DE BRUXELLES

Provenant de la Collection X... [groult]

ET DONT LA VENTE AURA LIEU, A PARIS

GALERIE GEORGES PETIT, 8, rue de Sèze

Les Lundi 21 et Mardi 22 Juin 1920, à deux heures

COMMISSAIRES-PRISEURS

Me F. LAIR-DUBREUIL | **Me HENRI BAUDOIN**
6, rue Favart, 6 | 10, rue Grange-Batelière, 10

EXPERTS

M. JULES FÉRAL | **M. MARIUS PAULME** | **M. GEORGES B.-LASQUIN**
7, rue Saint-Georges, 7 | 10, rue Chauchat, 10 | 11, rue Grange-Batelière, 11

EXPOSITIONS

PARTICULIÈRE : *Le Samedi 19 Juin 1920, de deux heures à six heures.*
PUBLIQUE : *Le Dimanche 20 Juin 1920, de deux heures à six heures.*

PASTELS

BERNARD

(École française, xviiie siècle.)

1 — *Portrait de femme.*

Le visage presque de face, un nœud de ruban bleu
sur la nuque, la poitrine voilée d'une écharpe de gaze
rayée, une guirlande de fleurs pare son corsage décolleté.
Pastel.
Signé et daté à gauche, en haut : *Bernard, pinxit, 1753.*

Haut., 58 cent.; larg., 47 cent.

DROUAIS

(École de F.-H.)

2 — *Portrait de femme.*

La tête légèrement inclinée vers la droite, en corsage
bleu décolleté à manches courtes et agrémenté d'une
ruche de dentelle.
Pastel.

Haut., 65 cent.; larg., 53 cent.

ÉCOLE FRANÇAISE

(xviiie siècle.)

3 — *Portrait de femme.*

En buste, le visage de trois quarts vers la droite, une écharpe noire autour de la tête.

Pastel.

Haut., 48 cent.; larg., 36 cent.

Cadre en bois sculpté.

ÉCOLE FRANÇAISE

(xviiie siècle.)

4 — *Jeune Femme jouant de la harpe.*

Pastel.

Signé à droite, vers le centre, de l'initiale : *L.*, et daté : *1780.*

Haut., 73 cent.; larg., 61 cent.

ÉCOLE FRANÇAISE

(xviiie siècle.)

5 — *Portrait d'homme.*

En buste, vêtu d'un habit bleu ouvert sur un jabot de dentelle.

Pastel.

Haut., 60 cent.; larg., 49 cent.

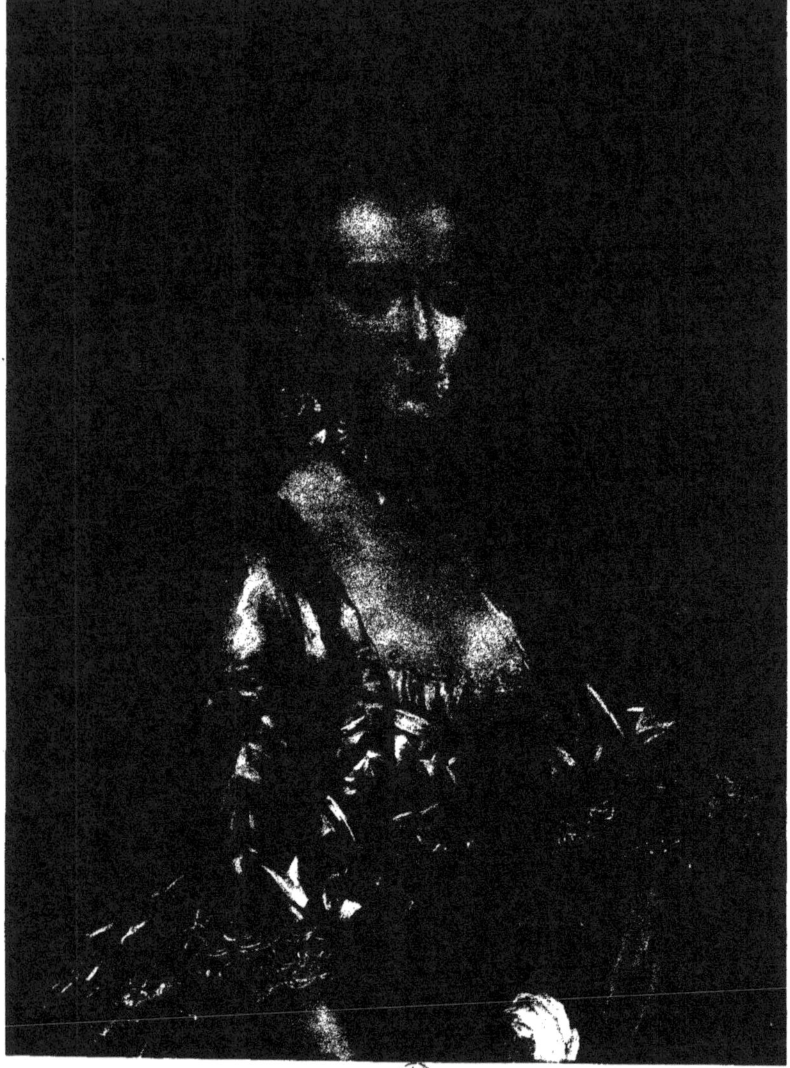

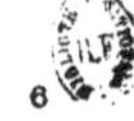

Hélio Léon Marotte Paris

ÉCOLE FRANÇAISE

(xviiiᵉ siècle.)

6 — *Portrait de jeune femme.*

A mi-corps, une chaîne de perles dans ses cheveux relevés et poudrés, en corsage blanc rayé de bleu, elle tient une rose de la main gauche.

Pastel.

Haut., 68 cent.; larg., 5r cent.

ÉCOLE FRANÇAISE

(xviiie siècle.)

7 — *Portrait d'homme.*

> Le visage de trois quarts à droite. En buste.
> Pastel.
> A droite, vers le centre, on relève une signature :
> *H. Fragonard.*

Haut., 59 cent.; larg., 49 cent.

ÉCOLE FRANÇAISE

(xviiie siècle.)

8 — *Portrait d'enfant.*

> En buste, coiffé d'un bonnet de satin orné de plumes.
> Pastel.

Haut., 39 cent. ; larg., 30 cent.

ÉCOLE FRANÇAISE

(xviiie siècle.)

9 — *Portrait d'enfant.*

> Le visage de trois quarts vers la droite, coiffé d'un
> bonnet de satin orné de plumes.
> Pastel.

Haut., 39 cent.; larg., 31 cent.

ÉCOLE FRANÇAISE
(xviiie siècle.)

10 — *Portrait d'enfant, coiffé d'un bonnet rouge orné de plumes.*

Pastel.

Haut., 45 cent. ; larg., 36 cent.

ÉCOLE FRANÇAISE
(xviiie siècle.)

11 — *Portrait de jeune femme.*

Un collier de perles au cou, une rose au corsage.
Pastel.

Haut., 56 cent. ; larg., 45 cent.

ÉCOLE FRANÇAISE
(xviiie siècle.)

12 — *Portrait de jeune femme.*

Un bouquet épinglé sur sa chevelure poudrée, un œillet au corsage.
Pastel.

Haut., 63 cent. ; larg., 51 cent.

ÉCOLE FRANÇAISE
(xviiie siècle.)

13 — *Portrait de femme.*

En buste, le visage de trois quarts vers la droite, un ruban noué autour du cou.
Pastel.

Haut., 32 cent. ; larg., 28 cent.

ÉCOLE FRANÇAISE

(xviii⁰ siècle.)

14 — *Portrait d'un artiste.*

En habit bleu, assis devant une toile de forme ovale.
Pastel.

Haut., 72 cent.; larg., 58 cent.

FRAGONARD

(D'après JEAN-HONORÉ)

15 — *La Jeune Mère.*

Pastel de forme ovale.

Haut., 44 cent.; larg., 35 cent.

FRAGONARD

(D'après JEAN-HONORÉ)

16 — *Jeune Femme.*

Elle tient un enfant debout sur un socle de pierre.
Pastel de forme ovale.

Haut., 47 cent.; larg., 32 cent.

Composition d'après l'œuvre originale de mêmes dimensions conservée au
Musée du Louvre, collection La Caze.

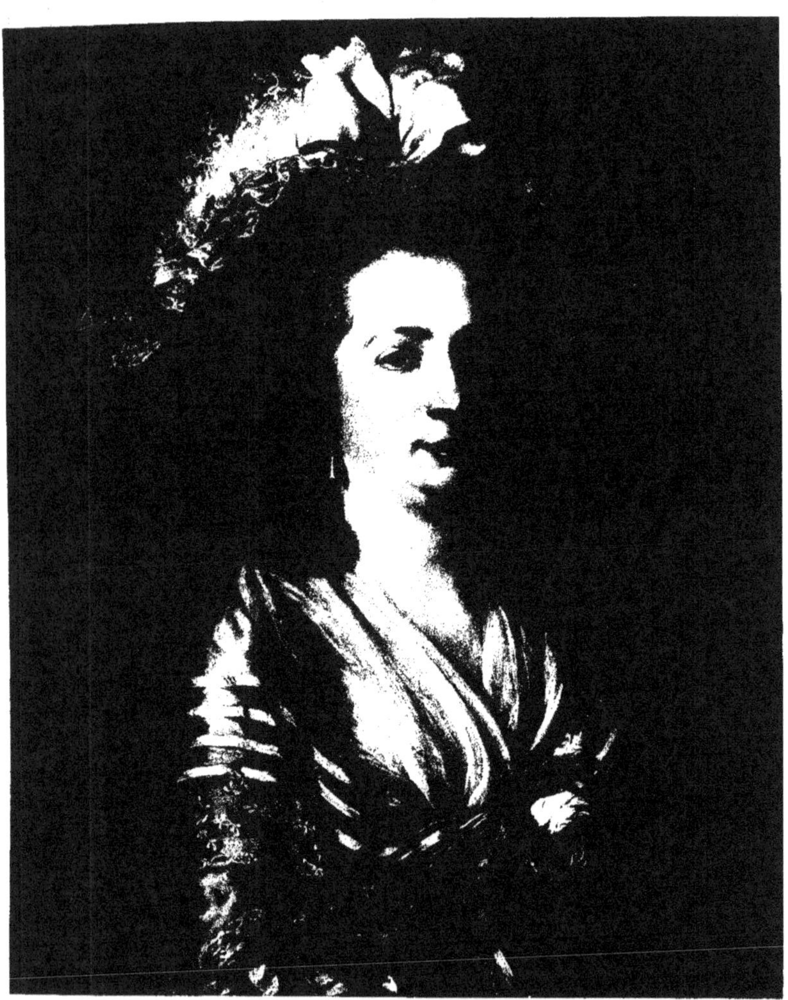

LABILLE-GUIARD
(Mme ADÉLAÏDE)
Paris, 1749 † Paris, 1803.

17 — *Portrait de femme.*

Un bonnet de dentelle, agrémenté d'un ruban bleu, posé sur sa chevelure poudrée, le visage de trois quarts vers la droite, elle sourit. Représentée presque à mi-corps et assise, elle porte au corsage un bouquet de roses; une écharpe de gaze bordée de point d'Angleterre couvre ses épaules.

Pastel.

Signé à droite, en bas, et daté : *1782*.

Haut., 72 cent.; larg., 58 cent.

LA TOUR
(MAURICE-QUENTIN DE)
Saint-Quentin, 1704 † Saint-Quentin, 1788.

18 — *Masque de femme.*

Les yeux bleus, le visage de trois quarts vers la gauche.

Pastel.

Haut., 29 cent.; larg., 22 cent.

Collection Laperlier, vente à Paris les 17-18 février 1879, n° 54 du catalogue.

LA TOUR
(MAURICE-QUENTIN DE)

19 — *Masque de jeune femme.*

Le visage presque de face, les yeux bruns, la bouche souriante.

Pastel, préparation.

Haut., 32 cent.; larg., 23 cent

LA TOUR
(Attribué à MAURICE-QUENTIN DE)

20 — *Masque de femme.*

Pastel.

Haut., 37 cent.; larg., 31 cent.

LIOTARD
(JEAN-ÉTIENNE)
Genève, 1702 † Genève, 1789.

21 — *Portrait de femme.*

Le visage de trois quarts vers la droite, une pointe de mousseline sur la poitrine, elle tient une assiette de pêches.

Pastel.

Haut., 67 cent.; larg., 52 cent.

LIOTARD
(Attribué à JEAN-ÉTIENNE)

22 — *Portrait d'homme coiffé d'un bonnet de fourrure.*

Pastel.

Haut., 35 cent. ; larg., 31 cent.

NATTIER
(École de JEAN-MARC)

23 — *Portrait de jeune femme.*

Les yeux bleus, la bouche souriante, un bouquet dans sa chevelure poudrée, elle est représentée en buste, le visage de face.
Pastel.

Haut., 44 cent.; larg., 35 cent.

NATTIER
(D'après JEAN-MARC)

24 — *Buste de femme.*

La tête inclinée vers la gauche, les yeux bruns, une double chaîne de perles retient son corsage sur l'épaule droite.
Pastel.

Haut., 44 cent.; larg., 35 cent.

Cadre en bois sculpté.

PERRONNEAU
(JEAN-BAPTISTE)
Paris, 1715 † Amsterdam, 1783.

25 — *Portrait présumé de M. Miron.*

La chevelure poudrée et nouée d'un catogan, il est représenté en buste, le visage de trois quarts vers la gauche; son habit de velours bleu, à revers bleus, s'entr'ouvre sur une chemise de fine dentelle.

Pastel de forme ovale.

Signé et daté à droite, en haut : *Perronneau, 1772.*

Haut., 60 cent. ; larg., 51 cent.

Reproduit dans *J.-B. Perronneau, sa vie et son œuvre*, par MM. Léandre Vaillat et P. Ratouis de Limay, Paris, s. d., planche 76.

Décrit dans le même ouvrage, p. 105, sous le n° 132.

Collection du comte Joachim Lepic.

PERRONNEAU
(JEAN-BAPTISTE)

26 — *Portrait présumé de Mme Miron.*

Les yeux bruns, les cheveux relevés et poudrés, un collier de perles au cou, elle est représentée le visage de trois quarts vers la gauche. Une mantille de tulle noir garnie de Chantilly couvre ses épaules et son corsage de soie rose décolleté est orné d'un nœud de ruban.

Pastel de forme ovale.

Signé et daté à droite, en haut : *Perronneau, 1763.*

Haut., 62 cent. ; larg., 48 cent.

Reproduit dans *J.-B. Perronneau, sa vie et son œuvre*, ouvrage cité, planche 77.

Décrit p. 98 du même livre, sous le n° 84.

Un portrait au pastel de Mme Miron par J.-B. Perronneau a figuré au Salon de 1765, sous le n° 65.

Collection du comte Joachim Lepic.

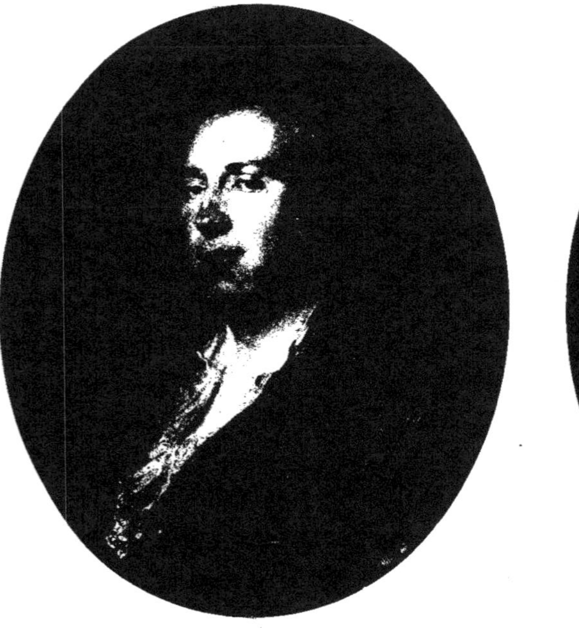

25 26

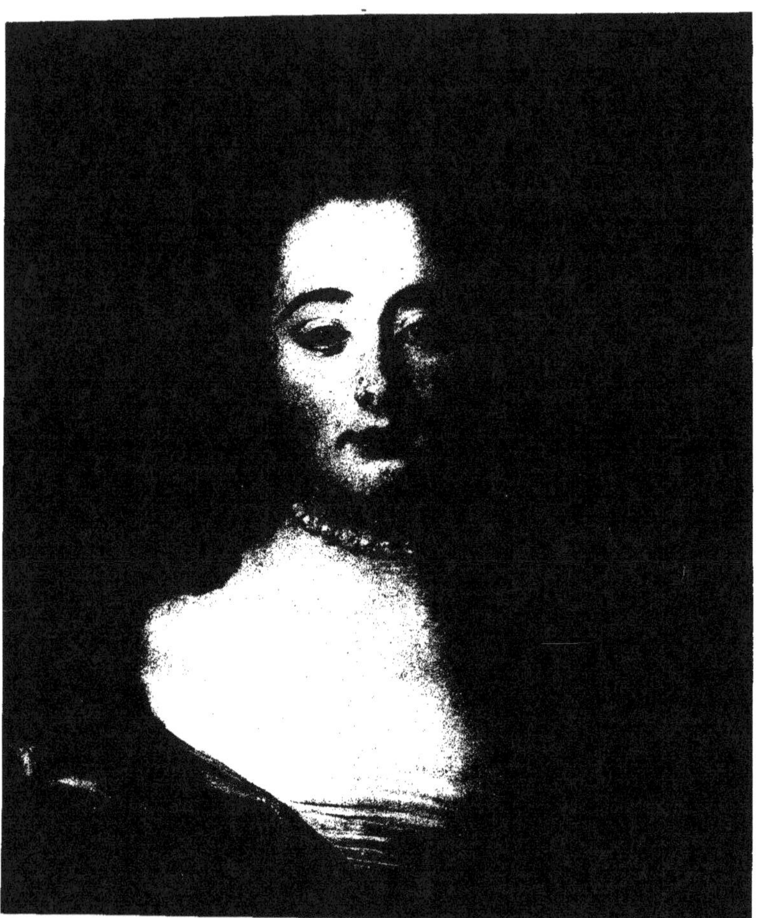

Hélio Léon Marotte Paris

PERRONNEAU
(JEAN-BAPTISTE)

27 — *Portrait de femme.*

Les cheveux poudrés et bouclés, un collier de perles autour du cou, elle porte un bouquet de bleuets à l'échancrure de son corsage.

Pastel.

Signé à droite, en haut. (La signature est en partie effacée.)

Haut., 52 cent.; larg., 44 cent.

PERRONNEAU
(JEAN-BAPTISTE)

28 — *Portrait de femme.*

Un bonnet de dentelle sur ses cheveux relevés et poudrés, un collier de perles autour du cou, une écharpe bleue sur les épaules, elle est représentée en buste, le bras gauche accoudé sur un coussin de velours. Pastel.

Signé à droite, en haut, et daté : *1766.*

Haut., 65 cent.; larg., 53 cent.

Cadre en bois sculpté.

PERRONNEAU
(JEAN-BAPTISTE)

29 — *Portrait de femme.*

Un ruban noir autour du cou, les cheveux relevés et poudrés, les yeux bruns, le visage de face, elle porte un corsage bleu et une écharpe brune recouvre ses épaules. Pastel.

Signé à droite, en haut. (La signature est à demi effacée.)

Haut., 58 cent.; larg., 46 cent.

PERRONNEAU
(JEAN-BAPTISTE)

3o — *Portrait de jeune femme.*

Les yeux bleus, le visage presque de face, un bonnet
ruché posé sur ses cheveux bouclés, elle est représentée
en buste et porte un corsage lilas légèrement décolleté
et bordé de dentelle.

Pastel de forme ovale.

Signé à droite, en haut, et daté : *1780.*

Haut., 55 cent.; larg., 42 cent.

PERRONNEAU
(JEAN-BAPTISTE)

3i — *Portrait de femme.*

De face, vue presque à mi-corps, un collier de perles
autour du cou, la main gauche contre la joue.

Pastel.

Signé à droite, en haut et daté : *1770.* (La signature
est en partie effacée.)

Haut., 72 cent.; larg., 58 cent.

Cadre en bois sculpté.

PERRONNEAU
(JEAN-BAPTISTE)

32 — *Portrait de femme en Diane.*

La tête inclinée vers la gauche, un carquois à l'épaule,
elle présente une flèche de la main droite.

Pastel.

Signé à droite, en haut et daté : *1760.*

Haut., 53 cent.; larg., 45 cent.

PERRONNEAU
(JEAN-BAPTISTE)

33 — *Portrait de jeune femme.*

En corsage bleu, coiffée d'une fanchon de gaze rayée, le visage tourné de trois quarts vers la droite, elle est représentée en buste.

Pastel.

Signé et daté à droite, en haut : *J.-B. Perronneau, 1770.*

Haut., 53 cent.; larg., 45 cent.

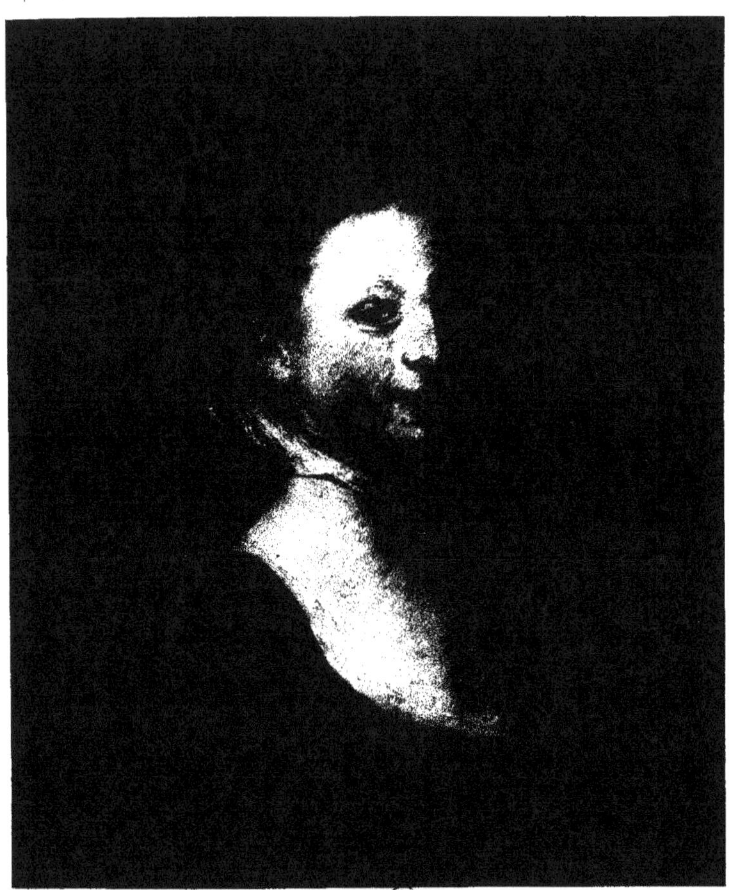

Hélio Léon Marotte Paris

ROSLIN

(Attribué à Mme, née MARIE-SUZANNE GIROUST)

Paris, 1734 † 3o avril 1772.

34 — *Portrait de femme.*

En robe rose, survoilée de gaze, le visage de trois quarts vers la gauche, elle est représentée à mi-corps et assise. A droite, sur une table, un collier de perles.

Pastel.

Haut., 71 cent.; larg., 59 cent.

Cadre en bois sculpté.

VALADE

(JEAN)

Poitiers, 1709 † Paris, 1787.

35 — *Portrait de jeune femme.*

En buste, un collier de perles au cou, un bouquet de fleurs au corsage.

Pastel de forme ovale.

Haut., 65 cent.; larg., 52 cent.

VIGÉE

(LOUIS)

Date inconnue † Paris, 1767.

36 — *Portrait d'homme.*

Les cheveux poudrés et retenus sur la nuque par un catogan, le visage de trois quarts à droite, le tricorne sous le bras, la main gauche engagée dans un gilet bleu brodé de fleurettes. Fond de ciel.

Pastel.

Signé à droite, en bas : *L. Vigée.*

Haut., 79 cent.; larg., 62 cent.

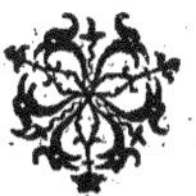

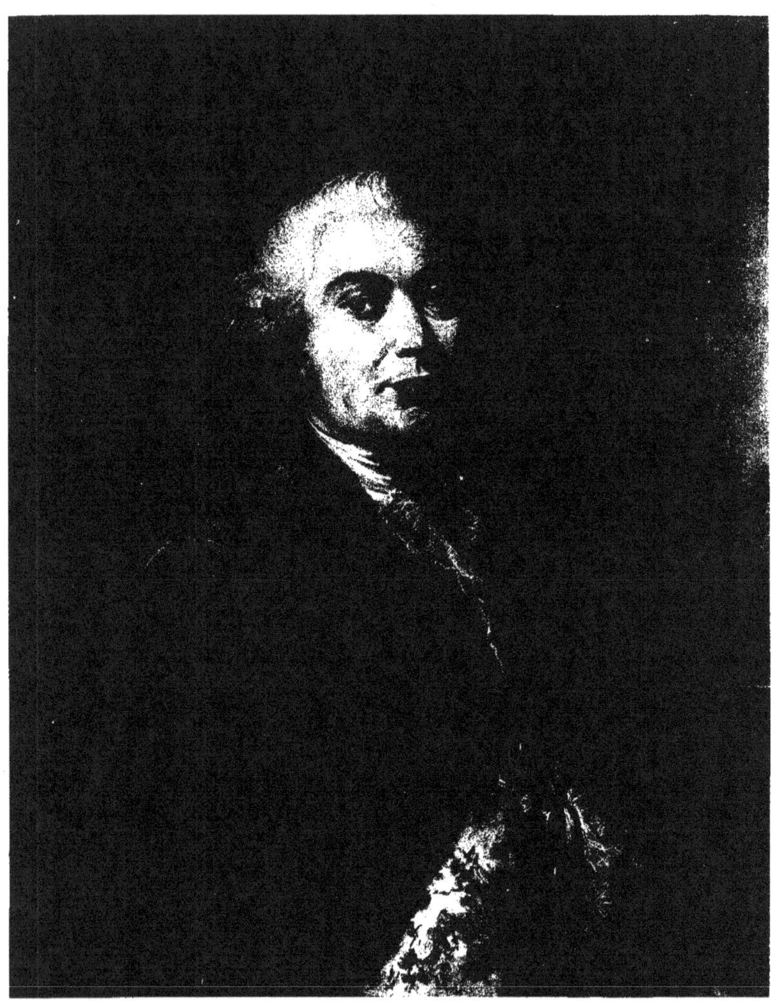

TABLEAUX ANCIENS
ET MODERNES

BELLOTTO
(BERNARDO)
Venise, 1724 † Varsovie, 1780.

DEUX PENDANTS

37 — *Palais et fontaine.*

38 — *Palais au bord d'un cours d'eau.*

Toile. Haut., 47 cent.; larg., 78 cent.

BOILLY
(LOUIS-LÉOPOLD)·
La Bassée, 1761 † Paris, 1845.

39 — *Jeune Femme dans un parc.*

En robe blanche et debout devant une statue de l'Amour.

Toile. Haut., 32 cent.; larg., 24 cent.

BOUCHER

(Attribué à FRANÇOIS)

Paris, 1703 † Paris, 1770.

PENDANT DES SUIVANTS

40 — *La Sculpture.*

Un statuaire, à gauche, un marteau à la main, sculpte
un buste de femme posé sur une sellette et que dessine
un garçonnet assis sur le sol, au premier plan. A droite,
devant une cheminée, une jeune mère tient un enfant
sur ses genoux.

Toile. Haut., 33 cent.; larg., 25 cent.

BOUCHER

(Attribué à FRANÇOIS)

PENDANT DU PRÉCÉDENT

41 — *La Peinture.*

Une jeune mère est assise, à gauche, un enfant sur
les genoux. Un autre enfant se tient debout près d'elle.
Au second plan, le peintre, en veste bleue et culotte
rouge, une palette et ses pinceaux à la main, les
contemple assis devant une toile ébauchée.

Toile. Haut., 33 cent.; larg., 25 cent.

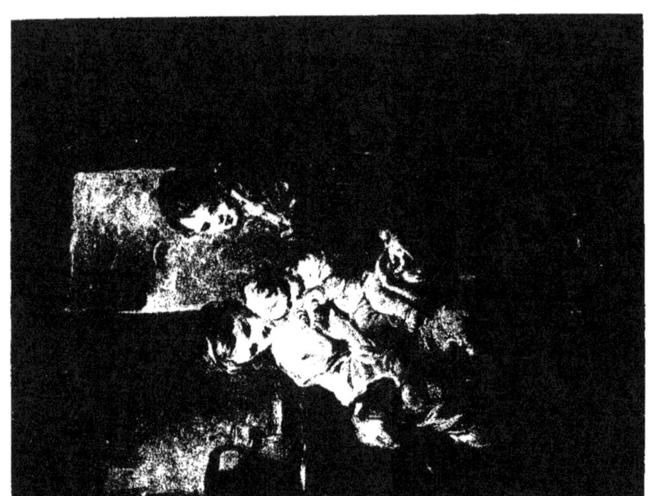

41

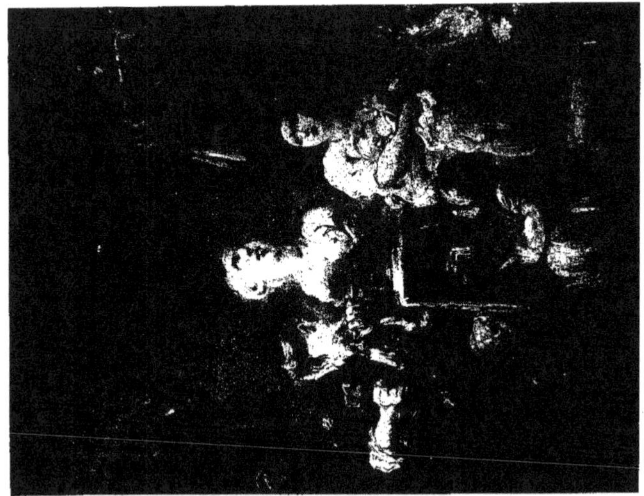

40

BOUCHER
(Attribué à FRANÇOIS)

PENDANT DES PRÉCÉDENTS

42 — *La Poésie.*

En habit rouge, les jambes croisées, un poète, assis
à gauche, écrit une ode à Vénus. Un enfant blond se
presse contre ses genoux. Deux jeunes femmes, derrière
lui, lisent un livre.

Toile. Haut., 33 cent.; larg., 25 cent.

BOUCHER
(Attribué à FRANÇOIS)

43 — *Les Amours pastorales.*

Dans un paysage, une jeune femme est assise sur un
tertre; derrière elle, un jeune homme tient un oiseau de
la main droite et une cage de l'autre main.

Toile. Haut., 81 cent. ; larg., 48 cent..

BOUCHER
(Attribué à FRANÇOIS)

44 — *Portrait d'homme.*

En buste, le visage de trois quarts vers la droite,
la chevelure nouée d'un catogan.

Toile. Haut., 47 cent.; larg., 38 cent.

BOUCHER
(Attribué à FRANÇOIS)

45 — *Composition allégorique.*

Toile. Haut., 36 cent.; larg , 44 cent.

Cadre en bois sculpté.

BOUCHER
(École de FRANÇOIS)

46 — *Portrait de femme.*

Les cheveux poudrés, un ruban rose autour du cou,
le visage de trois quarts vers la gauche, elle sourit.

Toile de forme ovale. Haut., 41 cent.; larg., 32 cent.

BOUCHER
(École de FRANÇOIS)

47 — *L'Optique.* (Chinoiserie.)

Toile. Haut , 55 cent.; larg., 71 cent

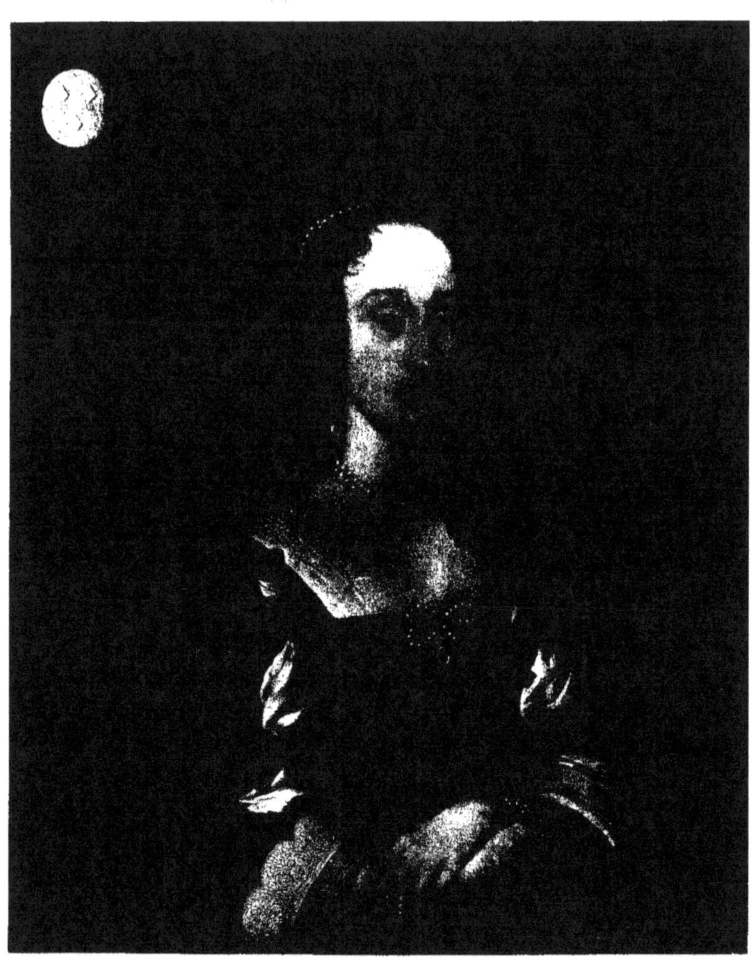

Hélio Léon Marotte Paris

CEULEN

(CORNELIS JANSSENS, JANSON ou JONSON VAN)
Baptisé à Londres, le 14 octobre 1593 † Amsterdam ou Utrecht, 1664.

48 — *Portrait de femme.*

Les cheveux châtains et bouclant sur les épaules, un collier de perles autour du cou, des perles aux oreilles et aux poignets, le visage de trois quarts vers la droite, elle est peinte à mi-corps. Les mains croisées, elle porte une robe noire décolletée en carré dont les manches bordées de dentelle sont agrémentées de nœuds de rubans. Un bijou d'orfèvrerie orne son corsage.

A gauche, en haut, sous des armoiries : DE WAERE.

Signé et daté, à droite, en bas : *C. J. Londini, fecit, 1640.*

Toile. Haut., 82 cent.; larg., 67 cent..

CHARDIN

(Attribue à JEAN-BAPTISTE-SIMÉON)
Paris, 1699 ✝ Paris, 1779.

49 — *Les Œufs.*

A gauche, derrière des carottes, des poireaux, un chaudron fumant; au centre, sur une nappe, un gigot et, à droite, un plat d'œufs posé sur une casserole de cuivre.

En bas, au centre, une signature : *Chardin, f.*

Toile. Haut., 78 cent.; larg., 91 cent.

Cadre en bois sculpté.

A figuré à l'Exposition Chardin-Fragonard, juin 1907, sous le n° 69.

CHARDIN

(Attribué à JEAN-BAPTISTE-SIMÉON)

5o — *La Lettre.*

A gauche, on relève une signature sur le bois du fauteuil : *Chardin.*

Toile. Haut., 24 cent.; larg., 21 cent.

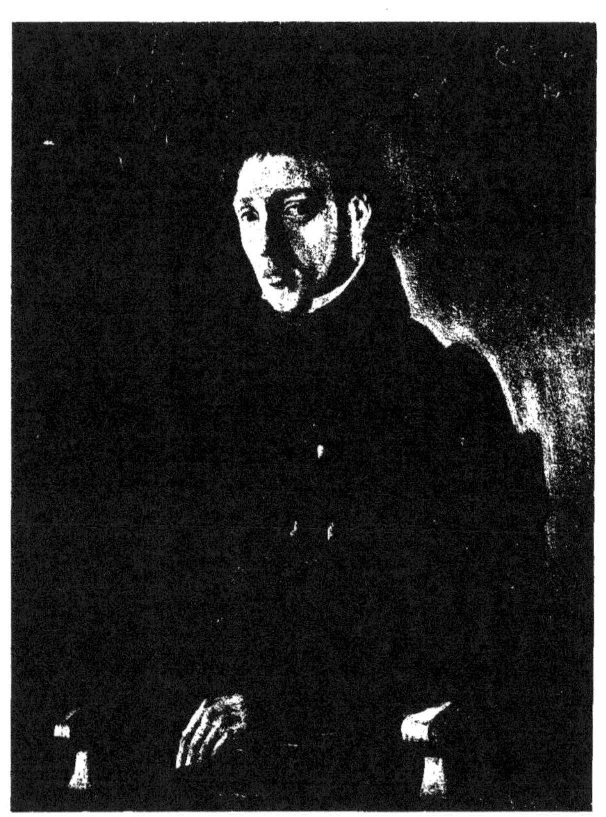

COROT
(JEAN-BAPTISTE-CAMILLE)
Paris, 1796 † Paris, 1875.

51 — *Portrait d'homme.*

En redingote brune, une haute cravate noire autour
du cou, le visage de trois quarts vers la gauche, il est
représenté assis et vu à mi-corps.

Signé à droite, en haut, et daté : *1833.*

Toile. Haut., 38 cent.; larg., 29 cent.

COYPEL
(CHARLES-ANTOINE)
Paris, 1694 † Paris, 1752.

52 — *Portrait d'homme coiffé d'un large feutre.*

Toile. Haut., 54 cent.; larg., 43 cent.

DAVID
(École de JACQUES-LOUIS)

53 — *L'Éducation maternelle.*

Toile. Haut., 91 cent.; larg., 74 cent.

DESHAYS
(JEAN-BAPTISTE)

Colleville, 1729 † Paris, 1766.

54 — *Portrait de femme.*

En robe blanche à paniers, un mantelet bordé de
fourrure sur les épaules, un bouquet de roses au
corsage, le visage presque de face et souriant, elle est
représentée debout, en pied, la main droite appuyée
sur la base d'une colonne que masque en partie une
ample draperie rouge. Au premier plan, un petit chien.

Toile. Haut., 1 m. 23; larg., 90 cent.

Cadre en bois sculpté.

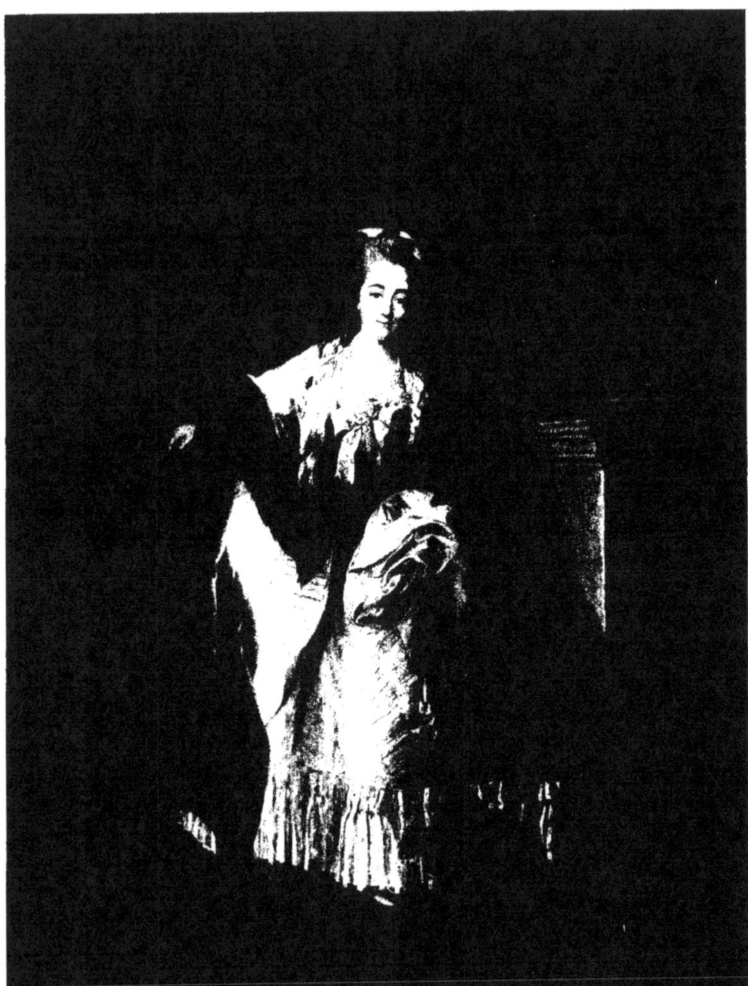

Hélio Léon Marotte Paris

DUCREUX
(JOSEPH)
Nancy, 1737 † Paris, 1802.

55 — *Portrait de femme.*

Les yeux bruns, la chevelure poudrée, la tête légèrement inclinée vers la gauche, un mantelet bordé de dentelle sur les épaules.

Bois. Haut., 5o cent. ; larg., 39 cent.

Au revers du panneau, on relève une dédicace manuscrite : *A son ami Charpentier, J.-B. Greuʒe.*

DUPONT
(N.)
Bayeux, date inconnue † Rouen, 1765.

56 — *Portrait de femme.*

Les cheveux relevés, bouclés sur la nuque, elle est représentée en buste ; une chaîne de fleurs retient son corsage sur l'épaule gauche.

Signé et daté à droite, en bas : *Dupont, 1761.*

Toile. Haut., 6o cent. ; larg., 49 cent.

ÉCOLE FRANÇAISE
(xviiie siècle.)

57 — *L'Offrande du bouquet.*

Une chaîne de perles dans les cheveux, un collier de perles autour du cou, une jeune femme en robe rose décolletée est assise dans un parc, un bouton de rose sur les genoux. Elle se retourne vers un jeune homme qui se penche vers elle, en lui présentant un bouquet.

Toile. Haut., 39 cent. ; larg., 3o cent.

ÉCOLE FRANÇAISE

(xviiie siècle.)

58 — *Portrait de femme.*

Une plume blanche piquée dans sa chevelure poudrée, une pointe de gaze croisée sur sa poitrine, en corsage bleu à longues basques s'évasant sur une jupe de satin blanc, elle est assise devant un buste d'homme, les mains croisées sur un coussin rouge.

Toile. Haut., 25 cent.; larg., 18 cent.

A figuré à l'Exposition universelle de 1900. Exposition rétrospective de la Ville de Paris.

ÉCOLE FRANÇAISE

(xviiie siècle.)

59 — *Portrait de femme.*

En buste ; corsage rouge bordé de fourrure.

Toile de forme ovale. Haut., 53 cent.; larg., 43 cent.

ÉCOLE FRANÇAISE

(xviiie siècle.)

60 — *La Brodeuse.*

Toile. Haut., 38 cent ; larg., 30 cent.

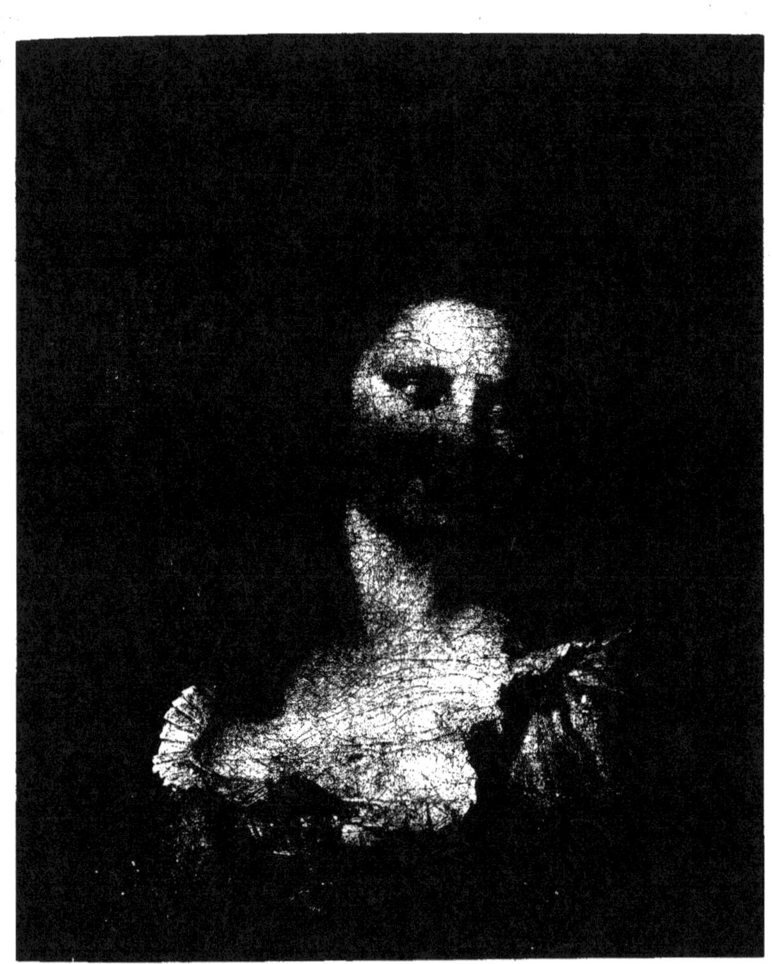

ÉCOLE FRANÇAISE

(xviiie siècle.)

61 — *Portrait de femme.*

En corsage bleu lacé d'un ruban blanc, coiffée d'un large chapeau de paille, des bleuets piqués dans la chevelure, elle est représentée le visage de trois quarts vers la droite et sourit.

Toile. Haut., 55 cent.; larg., 44 cent.

ÉCOLE FRANÇAISE
(xviiie siècle.)

62 — *Buste de femme.*

Le visage de trois quarts vers la gauche, une rose
dans les cheveux.
Peinture inachevée.

Toile. Haut., 74 cent.; larg., 60 cent.

ÉCOLE FRANÇAISE
(xviiie siècle.)

63 — *L'Enfance de Bacchus.*

Toile. Haut., 55 cent.; larg., 45 cent.

ÉCOLE FRANÇAISE
(xviiie siècle.)

64 — *Portrait de femme.*

Elle est coiffée d'un bonnet de dentelle orné d'un
ruban vert et porte un mantelet brun garni de fourrure.

Toile de forme ovale. Haut., 62 cent.; larg., 51 cent.

ÉCOLE FRANÇAISE
(xviiie siècle.)

65 — *Portrait de jeune femme.*

Sa haute coiffure poudrée bouclant sur la nuque, elle porte un corsage bleu décolleté et agrémenté d'un nœud de ruban.

Toile de forme ovale. Haut., 58 cent.; larg., 47 cen·.

ÉCOLE FRANÇAISE
(xviiie siècle.)

66 — *Buste de jeune fille.*

Le visage de trois quarts vers la gauche, un ruban rose enserre sa chevelure poudrée.

Toile de forme ovale. Haut., 39 cent.; larg., 31 cent.

ÉCOLE ITALIENNE
(xviiie siècle.)

67 — *Portrait d'homme.*

En buste, coiffé d'une toque rouge.

Toile. Haut., 45 cent.; larg., 30 cent.

5

EISEN
(FRANÇOIS)
Bruxelles, 1695 † Bruxelles, après 1778.

68 — *Portrait d'un Acteur.*

En manteau bleu, jouant de la lyre.

Bois. Haut., 19 cent.; larg., 17 cent.

FRAGONARD
(Attribué à JEAN-HONORÉ)
Grasse, 1732 † Paris, 1826.

69 — *Le Sacrifice.*

Une jeune femme est agenouillée, au centre, en tunique rose et manteau jaune, devant un autel qu'entourent des sacrificateurs. Derrière elle, un homme casqué lève une épée au-dessus de sa tête. A gauche, des homme d'armes. Un licteur se penche, à droite, vers deux femmes éplorées.

Toile. Haut., 61 cent.; larg., 91 cent.

FRAGONARD
(Attribué à JEAN-HONORÉ)

70 — *Tête d'homme.*

Toile. Haut., 40 cent.; larg., 32 cent.

Au revers, sur le châssis, l'indication manuscrite : *Par Fragonard, souvenir de Pauline Bouchardy, donné à notre ami Monsieur Thiénon. V.-Joseph Bouchardy.*

Cité dans *Honoré Fragonard, sa vie et son œuvre*, du baron R. Portalis, p. 290.

FRAGONARD
(Genre de)

71 — *La Poursuite.*

Toile. Haut., 31 cent.; larg., 37 cent.

GÉRARD
(Mlle MARGUERITE)

Grasse, 1761 † Paris, 1837.

72 — *L'Etude de la géographie.*

Esquisse.

Bois. Haut., 25 cent.; larg., 20 cent.

GREUZE
(JEAN-BAPTISTE)

Tournus, 1725 †-Paris, 1806.

73 — *Portrait de l'artiste.*

En buste, le visage de trois quarts vers la droite, il tient un porte-crayon.

Toile. Haut., 55 cent.; larg., 46 cent.

GRIMOU
(ALEXIS)

Argenteuil, 1678 † Paris, 1733.

74 — *Buste d'homme.*

En vêtement rouge bordé de fourrure, un bonnet noir sur la tête légèrement inclinée en avant.

Toile. Haut., 55 cent.; larg., 46 cent.

JEAURAT
(ÉTIENNE)
Paris, 1699 † Versailles, 1789.

75 — *Portrait d'homme.*

La perruque poudrée et bouclée, le visage de trois quarts vers la gauche, la tête penchée, il porte un habit brun ouvert sur un jabot de lingerie. En buste.

Toile. Haut., 58 cent.; larg., 47 cent.

JEAURAT
(ÉTIENNE)

76 — *Le Réveil.*

Toile. Haut., 27 cent.; larg., 19 cent.

JULIEN
(SIMON)
Toulon, 1735 † Paris, 1800.

77 — *Un Ange.*

Le visage de profil vers la droite, les bras écartés, volant.

Signé à droite, en bas, et daté : *1777.*

Toile de forme ronde Diam., 23 cent.

LÉPICIÉ
(NICOLAS-BERNARD)
Paris, 1735 † Paris, 1784.

78 — *Portrait de femme.*

En buste, un capuchon brun autour de la tête.

Toile. Haut., 40 cent.; larg., 32 cent.

LEPRINCE
(JEAN-BAPTISTE)
Metz, 1733 † Saint-Denis-du-Port, 1781.

79 — *Un Oriental.*

Coiffé d'un turban, il tient sa chibouk de la main gauche.

Toile. Haut., 25 cent.; larg., 30 cent.

LEPRINCE
(JEAN-BAPTISTE)

80 — *La Joueuse de guitare.*

Bois. Haut., 20 cent.; larg., 15 cent.

LUCAS
(EUGENIO)
École espagnole, XIXᵉ siècle.

DEUX PENDANTS

81 — *La Messe.*
82 — *La Communion.*

Toile. Haut , 29 cent.; larg., 39 cent.

MAES
(Attribué à NICOLAES)
Dordrecht, vers 1632 † Amsterdam, 1693.

83 — *L'Enfant à la perruche.*

Bois. Haut., 54 cent. ; larg., 43 cent.

Cadre en bois sculpté.

MONNOYER
(BAPTISTE)
École française, xviiiᵉ siècle.

DEUX PENDANTS

84-85 — *Vases de fleurs.*

Signés en bas, l'un à droite, l'autre à gauche, et datés : *1741.*

Toile. Haut., 72 cent.; larg., 90 cent.

MONNOYER
(JEAN-BAPTISTE)
Lille, 1634 † Londres, 1699.

86 — *Vases de fleurs et fleurs coupées.*

Toile. Haut., 87 cent.; larg., 1 m. 22.

MONTICELLI
(ADOLPHE)
Marseille, 1824 † Marseille, 1886.

87 — *Corbeille de fleurs.*

Signé à droite, en bas.

Toile. Haut., 45 cent.; larg., 54 cent.

MONTICELLI
(ADOLPHE)

88 — *Jeunes Femmes dans un jardin.*

L'une d'elles tient un parasol; deux chiens les accompagnent.

Signé à droite, en bas.

Bois. Haut., 55 cent.; larg., 33 cent.

MONTICELLI
(ADOLPHE)

89 — *Un Couple dans un parc.*

A droite, un chien.

Signé à gauche, en bas.

Bois. Haut., 47 cent.; larg., 31 cent.

MOREAU
(Attribué à LOUIS-GABRIEL)
Paris, 1740 † Paris, 1806.

90 — *La Lecture dans le parc.*

Bois. Haut., 22 cent.; larg., 13 cent.

NATOIRE
(CHARLES-JOSEPH)
Nîmes, 1700 † Castel-Gandolfo, 1777.

91 — *La Peinture.*

Sous les traits d'une jeune femme assise devant un
chevalet et entourée de trois petits génies.

Toile. Haut., 27 cent.; larg., 35 cent.

A figuré à l'Exposition de 1900. Exposition rétrospective de la Ville de
Paris, sous le nom de Boucher.

NATTIER
(D'après JEAN-MARC)

92 — *Portrait d'une princesse de France, fille de Louis XV.*

A mi-corps; une partition ouverte sur les genoux.

Toile. Haut., 97 cent.; larg., 77 cent.

Cadre en bois sculpté.

NATTIER
(École de JEAN-MARC)

93 — *Portrait de femme.*

Un bouquet de roses, de pensées, de myosotis dans
ses cheveux bruns et bouclés, la tête légèrement inclinée
vers la gauche, elle sourit. Une chaîne de perles retient
sur l'épaule droite son corsage bleu ouvert sur une
chemise plissée.

Toile. Haut., 45 cent.; larg., 35 cent.

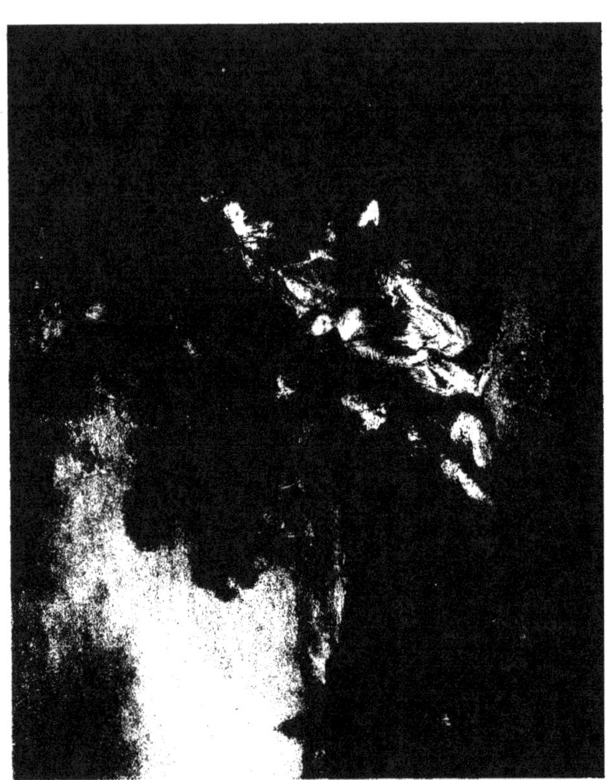

ROBERT
(HUBERT)
Paris, 1733 ✝ Paris, 1808.

101 — *Le Jet d'eau.*

Un jet d'eau jaillit dans un parc, au centre d'un bassin où tombe une cascatelle et que borde un mur semi-circulaire, orné de statues encastrées dans des niches. Deux lavandières, l'une agenouillée, l'autre debout, une corbeille sur la tête, se tiennent près de la margelle; trois autres laveuses entourent, à droite, une vasque, où coule un filet d'eau qui sort du mufle d'un lion de bronze, à l'ombre d'un grand arbre. Une jeune femme s'avance, à gauche, au premier plan, accompagnée d'une fillette.

Toile. Haut., 56 cent.; larg., 74 cent.

ROBERT
(HUBERT)

PENDANT DU SUIVANT

102 — *Le Temple antique.*

Un temple antique, dont le fronton triangulaire est
orné d'une frise de bas-reliefs, s'élève, au fond, dans la
verdure. Un escalier apparaît, à gauche; une jeune
femme en descend les degrés de pierre. Une fontaine
jaillit, au centre, et forme mare, au premier plan. Une
femme est debout, dans l'eau, accompagnée d'un enfant,
et un chien jappe sur la rive.

Bois. Haut., 24 cent.; larg., 32 cent.

ROBERT
(HUBERT)

PENDANT DU PRÉCÉDENT

103 — *Ruines et figures.*

Une jeune femme, en jupe blanche et corsage bleu, est
assise, au centre, sur une marche d'un escalier de
pierre. Un garçonnet se presse contre ses genoux. A
gauche, un vase de fleurs, posé sur un chapiteau brisé,
et, au fond, près d'un bouquet d'arbres, un temple
antique.

Bois. Haut., 24 cent.; larg., 32 cent.

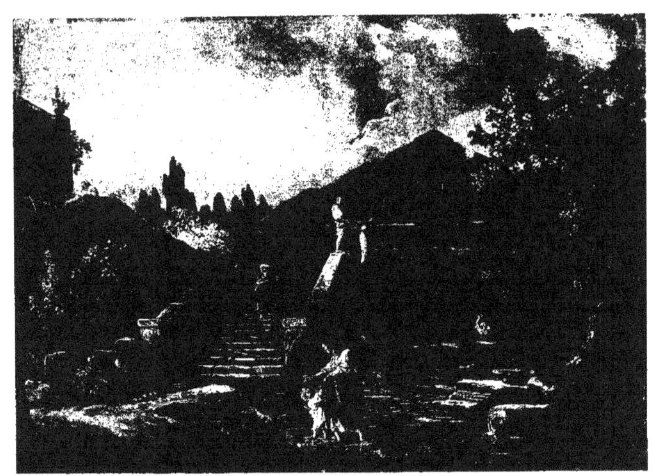

102

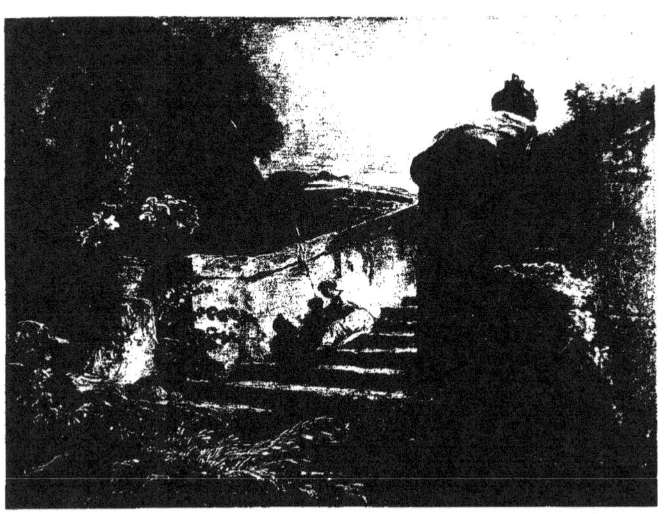

103

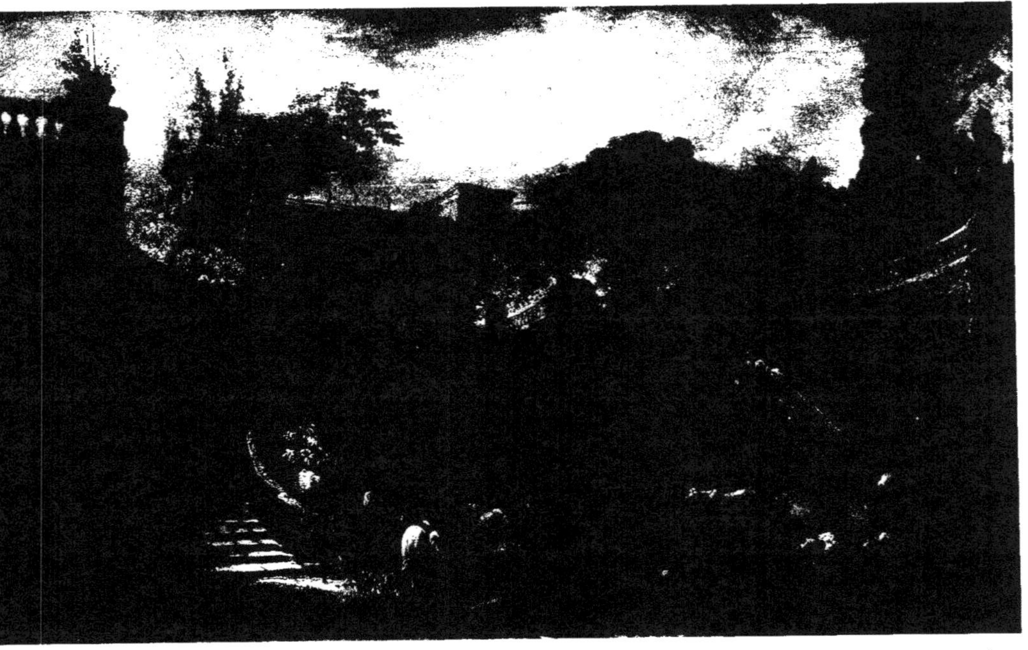

Hélio Léon Marotte Paris

ROBERT
(HUBERT)

104 — *La Villa italienne.*

Elle s'élève sur une terrasse bordée de grands arbres
et de sveltes cyprès. Un escalier à double révolution et
orné de deux lions de pierre, lui donne accès. Un
homme, vu de dos, en gravit, à gauche, les degrés.
Une fontaine jaillit, au centre, dans une vasque où
s'abreuvent deux vaches. Deux lavandières y lavent
leur linge. Trois autres jeunes femmes et un garçonnet
se tiennent au premier plan et, à droite, deux petits
bergers gardent leur troupeau.

Signé vers la gauche, la signature est en partie
effacée : *Robert.*

Toile. Haut., 45 cent.; larg., 70 cent.

ROBERT
(HUBERT)

105 — *Les Pins parasols.*

Un villageois, coiffé d'un bonnet bleu, une cruche en
sautoir, est debout, au centre, sur la brèche d'un mur
qu'orne une statue de pierre, près d'un homme assis et
vu de dos. A droite, trois autres personnages. Vers le
fond, deux grands pins parasols dressent leurs ombelles
sur le ciel orageux.

Toile. Haut., 68 cent.; larg., 5o cent.

A figuré à l'Exposition centennale de 1900.

PATER

(JEAN-BAPTISTE)

Valenciennes, 1695 † Paris, 1736.

94 — *Assemblée dans un parc.*

Deux jeunes femmes sont assises, au centre, sur un
tertre. Un jeune homme se penche vers l'une d'elles,
un flageolet aux doigts. Une autre jeune femme,
accompagnée d'un gentilhomme, se tient debout devant
un socle orné d'un vase de pierre; un page coiffé d'un
turban porte sa traîne. A gauche, deux enfants et, plus
au fond, un second couple vu de dos, et une maison
sur une éminence.

Toile. Haut., 33 cent.; larg., 42 cent.

PERRONNEAU
(JEAN-BAPTISTE)
Paris, 1715 ✝ Amsterdam, 1783.

95 — *Portrait d'un magistrat.*

La perruque poudrée et bouclée, le visage de face, il est représenté en buste, dans un ovale de pierre, et porte le rabat et la robe rouge.

Signé à droite, en haut, et daté : *1768*.

Toile. Haut., 65 cent.; larg., 52 cent.

Cadre en bois sculpté.

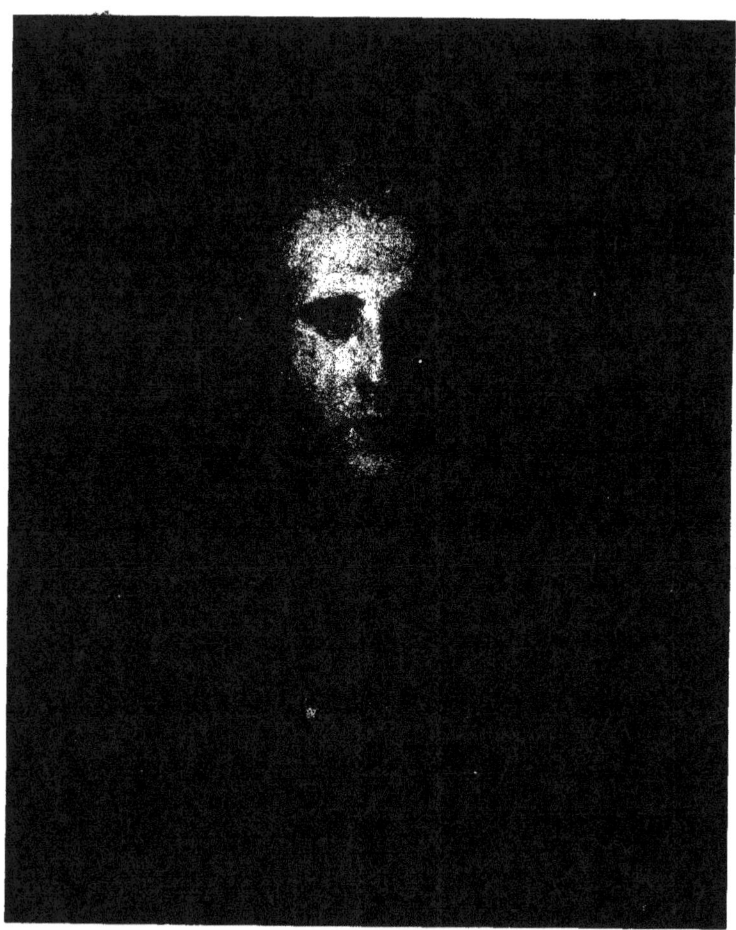

PLATZER
(JOHANN-GEORG PLAZER, ou)
Füssli, 1702 † Füssli, 1755.

PENDANT DU SUIVANT

96 — *Le Jeu.*

Dans la salle d'un palais, dont les murs sont ornés
d'œuvres d'art, un vieillard, assis devant une table, se
penche vers une jeune femme qui s'incline sur son
épaule et lui présente un as de cœur. Derrière leur
groupe, une musicienne joue de la harpe et une
servante apporte une corbeille de fruits. D'autres
personnages les entourent et, à gauche, un couple
apparaît dans l'embrasure d'une fenêtre.

Signé à droite, vers le bas : *J.-G. Platzer.*

Cuivre. Haut., 49 cent.; larg., 64 cent.

PLATZER
(JOHANN-GEORG PLAZER, ou)

PENDANT DU PRÉCÉDENT

97 — *La Musique.*

Devant la terrasse d'un palais, dans un parc, une
jeune femme en robe blanche, manteau rose, vue
presque de face, assise sur une table, pince de la
guitare. Un gentilhomme, un verre dans la main droite,
appuie la tête contre sa poitrine. Derrière lui, une vieille
tient une fiasque clissée et, à gauche, un couple danse
au son de la flûte et du violoncelle. D'autres personnages animent encore la composition.

Cuivre. Haut., 49 cent.; larg., 64 cent.

PRUD'HON
(PIERRE-PAUL)
Cluny, 1758 † Paris, 1823.

98 — *L'Heureuse famille.*

Une jeune femme en robe jaune, debout dans un parc, est accoudée sur l'épaule d'un homme vêtu d'une redingote et assis sur un tertre ; près d'eux, une fillette et un petit garçon jouant avec une chèvre.

Toile. Haut., 20 cent. ; larg., 15 cent.

REGNAULT
(JEAN-BAPTISTE, BARON)
Paris, 1754 † Paris, 1829.

99 — *Mars et Vénus.*

Signé en bas, au centre.

Toile. Haut., 44 cent. ; larg., 37 cent.

A figuré à l'Exposition centennale de 1900.

RICCI
(SEBASTIANO)
Bellune, 1662 † Bellune, 1734.

100 — *Un Triomphe.*

Toile. Haut., 60 cent. ; larg., 81 cent.

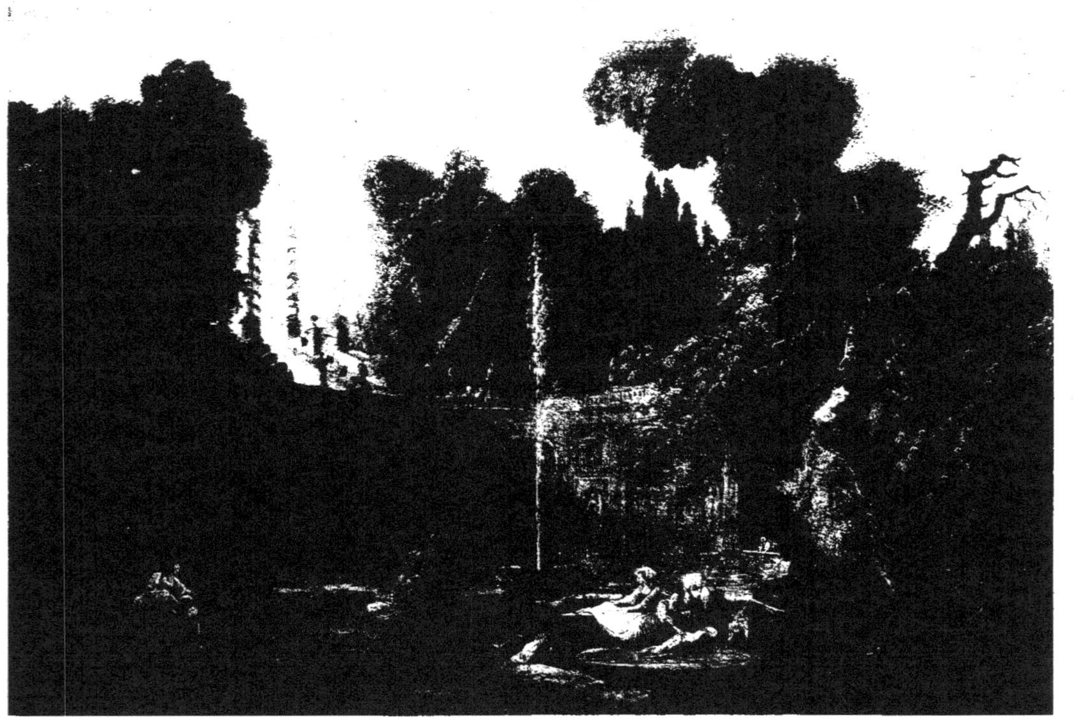

Hélio Lion Marotte Paris

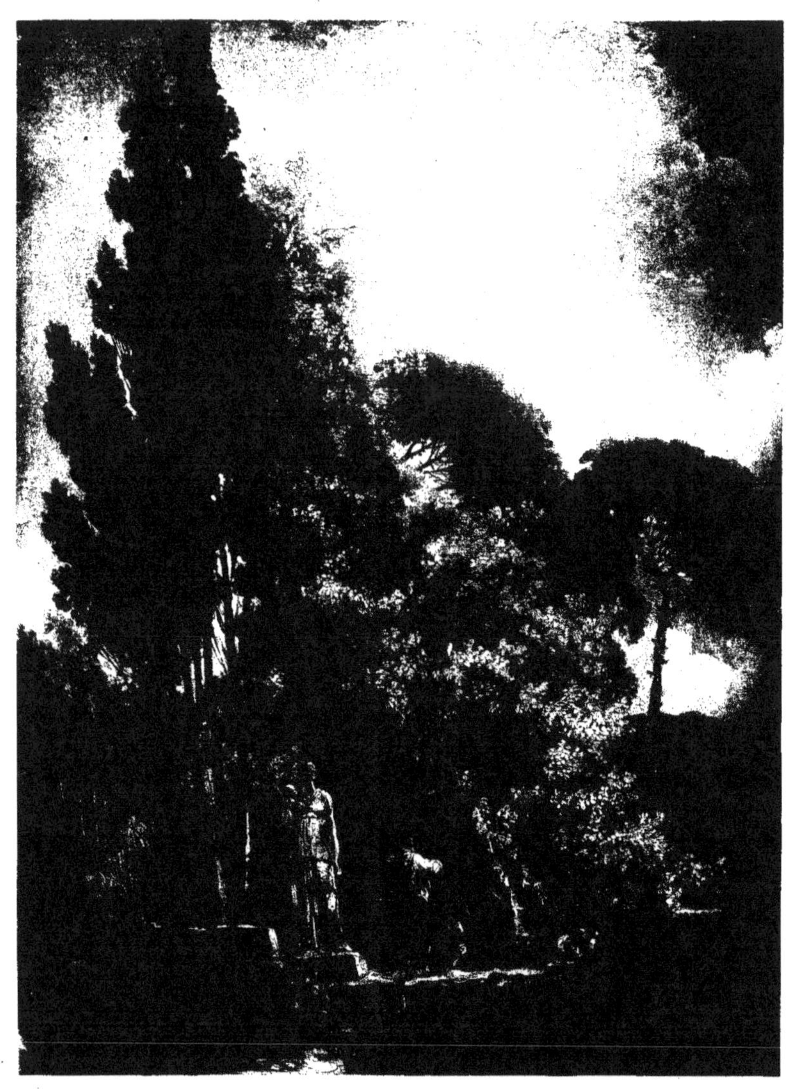

Hélio Léon Marotte Paris

ROBERT
(HUBERT)

106 — *Le Moulin à eau.*

Il surplombe, à gauche, un cours d'eau aux rives
verdoyantes; à droite, une femme précédée d'un âne
franchit une passerelle. Trois personnages et deux
chiens au premier plan.

Signé à gauche, en bas : *H. Robert.*

Bois. Haut., 20 cent.; larg., 32 cent.

ROBERT
(Attribué à HUBERT)

107 — *Vue présumée du parc de Meréville.*

A gauche, un petit temple s'élève parmi des bosquets;
deux personnages sont debout, au centre, et, vers le
fond, une allée ouvre sa verdoyante perspective.

Toile. Haut., 30 cent.; larg., 49 cent.

A figuré à l'Exposition universelle de 1900. Exposition rétrospective de
la Ville de Paris.

RUBENS
(École de P.-P.)

108 — *La Vierge, l'Enfant Jésus, une religieuse et une sainte.*

Bois. Haut., 26 cent.; larg., 22 cent.

TAUNAY
(Attribué à NICOLAS-ANTOINE)
Paris, 1755 † Paris, 1830.

109 — *La Danse.*

Bois. Haut., 21 cent.; larg., 16 cent.

TOCQUÉ
(LOUIS)
Paris, 1696 † Paris, 1772.

110 — *Portrait de femme.*

Une rose épinglée dans ses cheveux relevés et poudrés, le visage souriant et tourné de trois quarts vers la droite, un ruban rose noué autour du cou, elle est représentée en buste.

Signé à gauche, vers le bas : *L. Tocqué pinxit, 1760.*

Toile. Haut., 45 cent.; larg., 37 cent.

VANLOO
(LOUIS-MICHEL)
Toulon, 1707 ✝ Paris, 1771.

111 — *Portrait de femme.*

En blanc, des perles au corsage, le visage de trois quarts vers la gauche.

Toile de forme ovale. Haut., 27 cent.; larg., 22 cent.

VIGÉE-LEBRUN
(École de Mme LOUISE-ÉLISABETH)

112 — *Portrait de femme.*

En buste, coiffée d'une toque ornée de plumes et bordée d'un rang de perles.

Toile. Haut., 60 cent.; larg., 48 cent.

VOLLON
(ANTOINE)
Lyon, 1833 ✝ Paris, 1900.

113 — *Paysage.*

Un moulin à vent s'élève, au centre, derrière une prairie, parmi les arbres, sous un vaste ciel chargé de nuées.

Signé à gauche, en bas.

Toile. Haut , 71 cent.; larg., 1 m. 05.

WATTEAU
(JEAN-ANTOINE)
Valenciennes, 1684 † Nogent-sur-Marne, 1721.

114 — *Fêtes au dieu Pan.*

A gauche, sur une hauteur boisée, des naïades se
penchent sur des urnes et, à l'entrée d'une grotte qui
domine un bassin où croissent des roseaux, un jeune
homme est assis près d'une jeune femme ayant une
guitare sur ses genoux. Gilles, au centre, joue de la
flûte, accoudé sur une pierre. A ses côtés, un homme,
tenant des besicles, s'incline sur un livre près d'un
mezzetin. A droite, deux satyres, des nymphes et deux
enfants. L'un porte sur sa tête une corbeille de fleurs.

Toile Haut., 65 cent.; larg., 82 cent.

Cadre en bois sculpté.

Gravé par M. AUBERT, avec la mention : *le tableau original, haut de 2 pieds
sur 2 pieds 6 pouces de large, le tableau appartient à M. Morel, banctier.*

Cité dans le *Catalogue raisonné de l'œuvre peint, dessiné et gravé
d'Antoine Watteau*, par Edmond de Goncourt, Paris, Rapilly, 1875, p. 47,
n° 40.

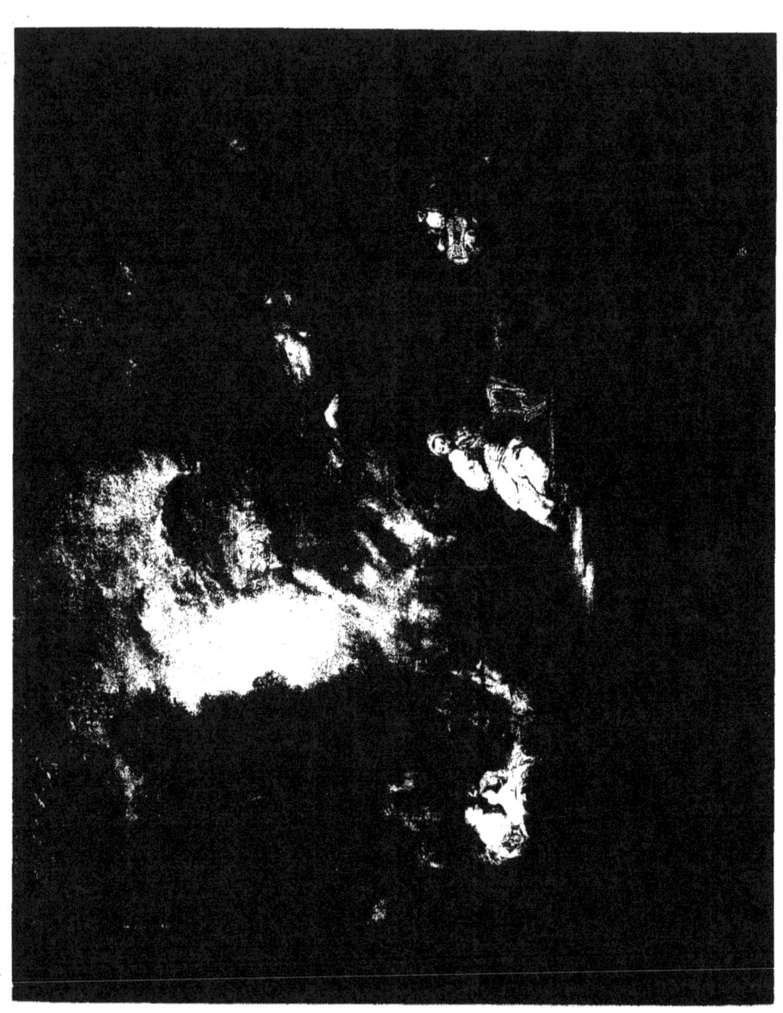

Hélio Léon Marotte Paris

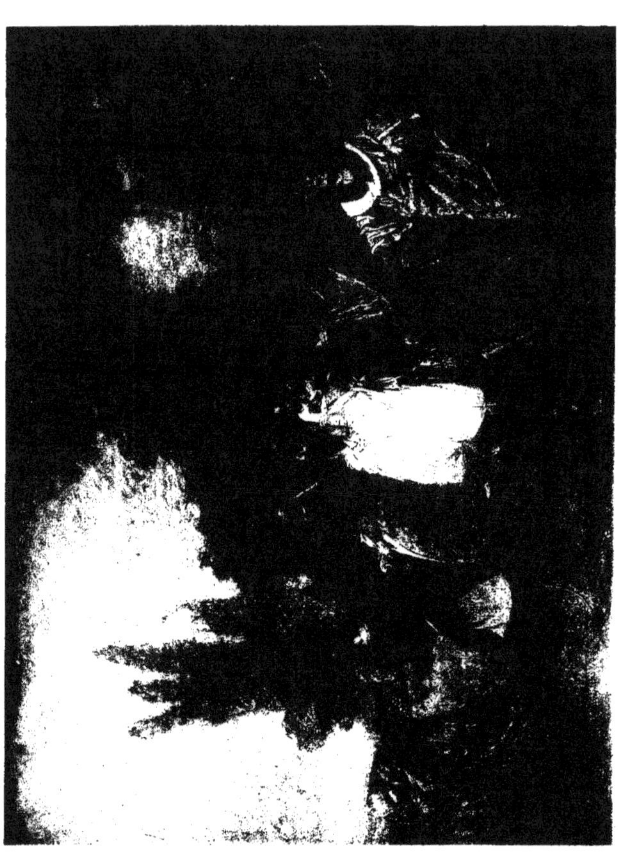

Hélie Liron Marelle Paris

WATTEAU
(JEAN-ANTOINE)

115 — *Le Docteur.*

Watteau, à gauche, sous la figure d'un malade coiffé d'un bonnet et vêtu d'une ample robe de chambre rouge, fuit courbé devant un donneur de clystère. Trois apothicaires, au centre, tiennent des seringues; un quatrième personnage porte un drapeau sur l'épaule. A droite, un docteur, vu de face, habillé d'un manteau rouge fourré d'hermine, plonge la main dans un bassin que lui présente un aide. Un autre médecin est debout près de lui, en robe noire bordée d'une collerette de lingerie. Fond de parc.

Toile. Haut., 29 cent.; larg., 38 cent.

Gravé à l'eau-forte, par C. C. (Caylus). La gravure a été terminée au burin, par Joullain ; les vers suivants l'accompagnent :

> Qu'ay-je fait, assassins maudits,
> Pour m'attirer ainsy votre colère ?
> Ay-je en parlant, ay-je par des Écrits,
> Décrié Lancette et Clystère ?
> Bien loin de m'estre révolté,
> Contre la Loy d'une simple ordonnance,
> J'ay respecté par pure complaisance
> Votre homicide Faculté.

« Ce tableau (H. 10 p. 6 l.; L. 13 p.), où le malade Watteau, à l'imitation du malade Molière, satirise les Purgons de son temps; ce tableau, connu dans le commerce de la curiosité du xviiie siècle, sous le titre du *Docteur de Watteau* et que l'expert disait d'une conservation admirable, passait à la vente du 1er avril 1776. Il s'y vendait 600 livres. En 1825, le tableau, ou une répétition, reparaît sous le n° 218 à une vente de Didot. » Edmond de Goncourt, *Catalogue raisonné de l'œuvre peint, dessiné et gravé d'Antoine Watteau,* Paris, édit. Rapilly, 1875, page 35.

Ed. de Goncourt mentionne également sous les n°s 379, 418, 419, 708, 709, 710, 787, du même ouvrage, divers dessins du maître, « études pour le tableau : *Qu'ay-je fait, assassins maudits ?* »

WATTEAU
(Attribué à JEAN-ANTOINE)

116 — *Portrait de femme.*

Elle tient un livre sur ses genoux.

Toile. Haut., 20 cent.; larg., 16 cent.

Cadre en bois sculpté.

WATTEAU
(École de JEAN-ANTOINE)

DEUX PENDANTS

117 — *Le Bain.*
La Chute.

Bois. Haut., 20 cent. ; larg., 26 cent.

WATTEAU
(FRANÇOIS-LOUIS-JOSEPH)
Valenciennes, 1758 † Lille, 1823.

118 — *Assemblée dans un parc.*

Papier marouflé. Haut., 22 cent.; larg., 29 cent.

ZIEM
(FÉLIX)
Beaune, 1821 † Paris, 1911.

119 — *Les Bouleaux au bord de l'étang.*

Signé à gauche, en bas.

Toile. Haut., 53 cent.; larg., 67 cent.

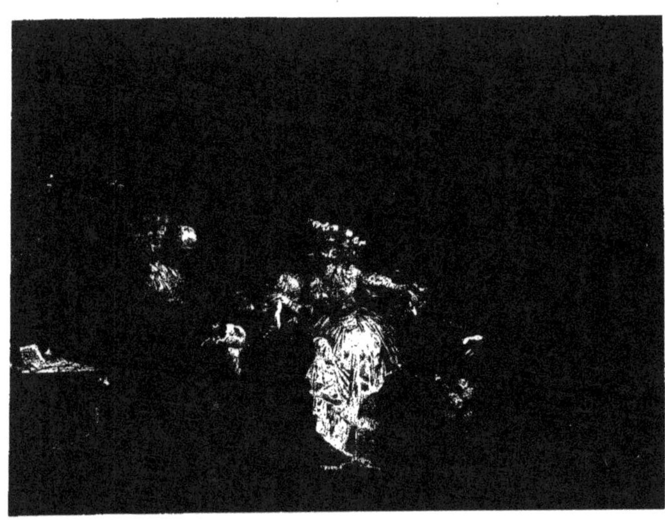

124

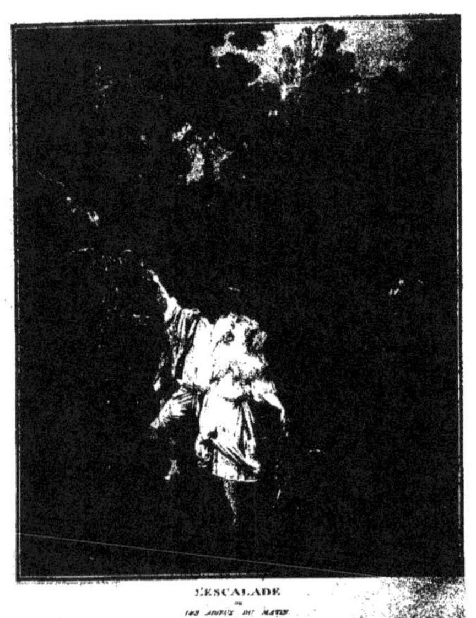

L'ESCALADE
ou
LES ADIEUX DU MATIN

122

HEUR ET MALHEUR;
ou
LA PREUVE CACHÉE

123

GRAVURES EN COULEUR
du XVIIIe siècle.

***

DEBUCOURT
(L.-P.)
Paris, 1755 † Paris, 1832.

DEUX PENDANTS

120-121 — *Le Menuet de la mariée. — La Noce au château.*

> Deux pièces *imprimées en couleurs*. Superbes épreuves. Rognées.

DEBUCOURT
(L.-P.)

DEUX PENDANTS

122-123 — *L'Escalade, ou les Adieux du matin. — Heur et malheur, ou la Cruche cassée.*

> Deux estampes faisant pendants. Superbes épreuves *imprimées en couleurs*, la première avec marge, la seconde avec la marge du bas seulement.

8

DEBUCOURT
(L.-P.)

124 — *Les Deux Baisers.*

Estampe d'après le tableau du maître exposé au Salon de 1787, sous le titre : *La Feinte caresse.* Superbe épreuve *imprimée en couleurs.* Remargée.

Cadre ancien en bois sculpté doré.

ROWLANDSON
(D'après)

125 — *Waux-Hall.*

Grande estampe par R. Pollard. Très belle épreuve en couleurs. Marge.

DESSINS, AQUARELLES

Gouaches

BAUDOIN
(PIERRE-ANTOINE)
Paris, 1723 † Paris, 1769.

126 — *L'Évanouissement.*

Dans une chambre, une jeune femme s'est évanouie à la pensée d'être séparée de son bébé qu'une servante emporte. Une amie la soutient pendant qu'une soubrette apporte un breuvage réconfortant. A gauche, le mari pleure, la tête entre ses bras, appuyé sur une table. Composition rappelant : *Le Fruit de l'amour secret*, du même artiste.

Dessin au crayon et lavis d'encre de Chine.

Haut., 29 cent.; larg., 36 cent.

Cadre ancien en bois sculpté doré.

BERAIN
(École de JEAN)

127 — *Cavalier de tournoi.*

La lance au poing, en costume d'apparat, il se dirige vers la gauche.

Dessin à la plume et aquarelle.

Haut., 32 cent.; larg., 24 cent.

BOILLY
(LOUIS)
La Bassée, 1761 † Paris, 1845.

128 — *Têtes d'expression.*

Feuille contenant dix-huit études de têtes : hommes et femme.

Dessin au crayon noir et estompe avec rehauts de blanc.

En bas, on lit l'inscription : *Offert à Monsieur Maurice par la famille Boilly.*

Haut., 44 cent.; larg., 57 cent

Exposition universelle de 1900. Exposition rétrospective de la Ville de Paris, n° 33.

BOILLY
(LOUIS)

129 — *Le Concert.*

Dans un intérieur, une jeune fille chante, accompagnée par trois jeunes gens jouant du clavecin, du violon et de la basse.

Plume et lavis d'encre de Chine.

Haut., 19 cent. 1/2 ; larg., 27 cent. 1/2.

BOUCHER
(FRANÇOIS)
Paris, 1703 † Paris, 1770.

130 — *Une Vestale.*

Représentée debout, près d'un autel, de profil à gauche.

Dessin à la pierre noire et rehauts de blanc.

Haut., 35 cent.; larg., 22 cent.

BOUCHER
(École de FRANÇOIS)

131 — *Cour de ferme.*

Dessin à la pierre noire.

Haut., 29 cent.; larg., 27 cent. 1/2.

CHARLIER
(JACQUES)
1720 † 1779.

132 — *Vénus et l'Amour.*

De profil à gauche, la déesse est assise demi-nue sur un nuage devant un miroir. Un amour lui présente un collier de perles.

Aquarelle gouachée.

Haut., 26 cent.; larg., 31 cent. 1/2.

CHARLIER
(JACQUES)

133 — *Amphitrite.*

Étendue sur les flots, s'appuyant sur un dauphin; près d'elle, un amour tenant une couronne de fleurs. Dans le ciel, un autre amour voltige.

Aquarelle et gouache.

Haut., 38 cent.; larg., 29 cent.

DANLOUX
(HENRI-PIERRE)
Paris, 1753 † 1809.

134 — *Portrait d'une jeune femme.*

De profil à gauche, elle est vue en buste, vêtue d'un corsage recouvert d'un fichu de lingerie, fermé par un nœud de ruban. Coiffure frisée et bouclée.

Dessin, de forme ovale, au crayon noir et lavis.

Haut., 21 cent. 1/2 ; larg., 18 cent.

DANLOUX
(HENRI-PIERRE)

135 — *Portrait de femme.*

De profil à droite, elle est vue en buste, vêtue d'un corsage à pèlerine avec col et revers de lingerie.

Dessin, de forme ovale, au crayon noir et léger lavis d'aquarelle.

Signé à droite.

Haut., 19 cent. ; larg., 15 cent. 1/2.

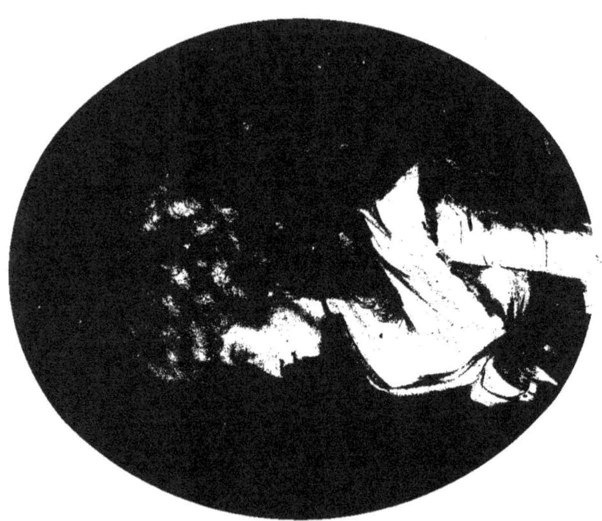

134

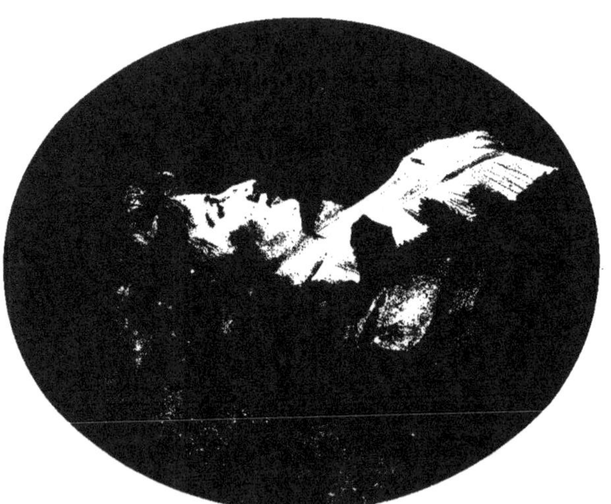

135

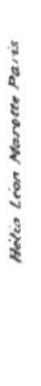

DANLOUX
(HENRI-PIERRE)

DEUX PENDANTS

1 36 — *Portraits d'hommes.*

>Deux dessins, de forme ronde, au crayon noir et lavis.
>
>>Diam., 15 cent. 1/2.
>
>Cadres anciens en bois sculpté, noir et doré.

DUCREUX
(JOSEPH)
Nancy, 1738 † Paris, 1802.

137 — *Bustes d'homme et de femme.*

>Elle est vue de face, et lui, de profil à gauche.
>Grand dessin au crayon noir, frottis d'estompe et
>rehauts de blanc, sur papier gris.
>
>>Haut., 53 cent.; larg., 41 cent.

ÉCOLE FLAMANDE
(XVIIᵉ siècle.)

138 — *Buste de femme.*

>Dessin au crayon noir et à la sanguine.
>Cachets de collections.
>
>>Haut., 14 cent.; larg., 11 cent.

ÉCOLE FRANÇAISE
(xviiie siècle.)

139 — *L'Homme au tricorne.*

Dessin au crayon noir et rehauts de blanc, sur papier gris.

Haut., 30 cent.; larg., 23 cent.

ÉCOLE FRANÇAISE
(xviiie siècle.)

140 — *La Mère de famille.*

Jeune femme tenant dans ses bras un bébé nu. Près d'elle est un amour.

Dessin au crayon, sanguine et frottis.

Haut., 13 cent. 1/2; larg., 10 cent.

Cadre ancien en bois sculpté doré.

ÉCOLE FRANÇAISE
(xviiie siècle.)

141 — *Scène d'intérieur.*

Une jeune femme debout, appuyée contre une harpe, est entourée de trois enfants.

Dessin à la plume et lavis de bistre.

Haut., 23 cent.; larg., 17 cent. 1/2.

ÉCOLE FRANÇAISE
(xviiie siècle.)

142 — *Temple de l'Amour dans un parc.*

Grande gouache.

Haut., 52 cent; larg., 6r cent.

Cadre ancien en bois sculpté doré.

ÉCOLE FRANÇAISE
(xviiie siècle.)

143 — *Portrait de femme.*

En buste, presque de face, la tête appuyée sur sa main gauche. Elle est coiffée d'un bonnet.
Aux trois crayons sur papier gris.

Haut., 39 cent. 1/2 ; larg., 32 cent.

Cadre ancien en bois sculpté doré.

ÉCOLE FRANÇAISE
(xviiie siècle.)

144 — *Deux Jeunes Femmes.*

L'une assise, l'autre debout.
En bas, une date : *13 septembre 1779.*
Crayon et lavis de sépia.

Haut., 34 cent. ; larg., 24 cent. 1/2.

Cadre ancien en bois sculpté doré.

9

ÉCOLE FRANÇAISE

145 — *Vue de parc.*

Avec pièce d'eau, cascade, temple et petits personnages.
Gouache.

Haut., 19 cent. 1/2; larg., 28 cent.

Cadre ancien, en bois sculpté doré.

ÉCOLE FRANÇAISE

DEUX PENDANTS

146 — *Figures allégoriques.*

Deux études pour compositions décoratives.
Lavis rehaussé de gouache.

Haut., 20 cent.

ÉCOLE FRANÇAISE

147 — *Parc avec rivière.*

Dans un parc, à gauche, un groupe de jeunes gens se livrent au plaisir de l'escarpolette. Sur la rivière, une barque. A droite, une chapelle.
Gouache.

Haut., 21 cent. 1/2 ; larg., 29 cent. 1/2.

ÉCOLE ITALIENNE

(xviiᵉ siècle.)

148 — *La Naissance de Bacchus.*

Miniature sur vélin, pour un éventail.

Larg., 52 cent.

Cadre en bois sculpté doré.

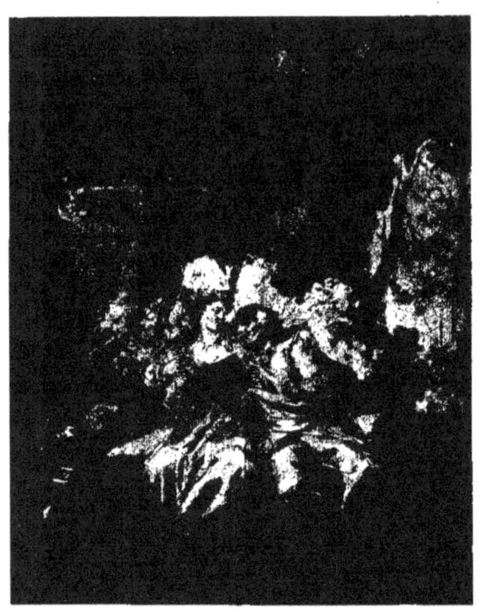

163

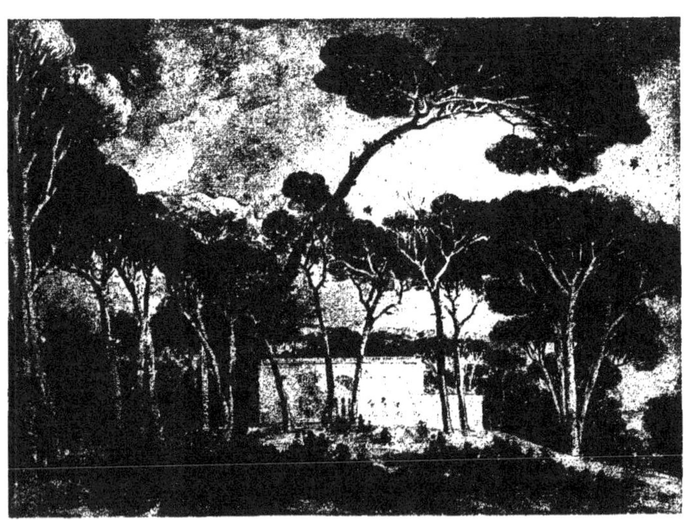

149

FRAGONARD
(JEAN-HONORÉ)
Grasse, 1752 † Paris, 1806.

149 — *Les Pins parasols de la villa Pamphile, à Rome.*

Sur la terrasse de la villa, plantée de magnifiques pins d'Italie, une foule de petits personnages sont groupés à l'ombre. Dans le fond, la façade ensoleillée de la villa, se profilant sur un fond de verdure.

Dessin au lavis de sépia.

Haut., 28 cent. 1/2 ; larg., 39 cent.

Cadre en bois sculpté ciré.

Exposition de dessins de Maîtres, à l'École des Beaux-Arts, en 1879.

De Chennevières : *Les Dessins des Maîtres anciens, à l'École des Beaux-Arts*, p. 110 (sous la désignation : *Vue de la villa Borghèse*).

Vente de la collection des Goncourt, février 1897, n° 100.

Reproduit dans : *Fragonard, sa vie et son œuvre*, par le baron Portalis, p. 174.

FRAGONARD
(JEAN-HONORÉ)

150 — *Portrait de femme.*

Elle est représentée assise, presque de face, vêtue d'une robe à haut volant avec corsage décolleté, et coiffée d'un chapeau à plumes.

Lavis de sépia.

Daté : *Roma, 1774.*

Haut., 35 cent.; larg., 27 cent. 1/2.

Cadre ancien en bois sculpté doré.

FRAGONARD
(JEAN-HONORÉ)

151 — *Illustration pour un conte de J. de La Fontaine.*

Dessin au lavis de sépia.

Haut., 21 cent.; larg., 17 cent.

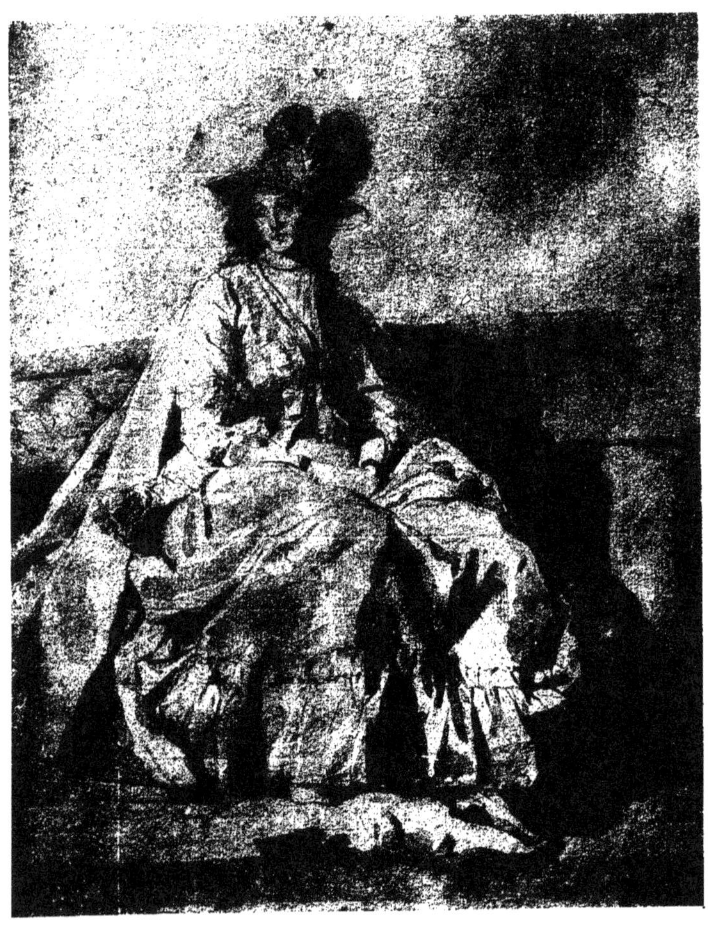

Hélio Léon Marotte Paris

FRAGONARD
(JEAN-HONORÉ)

152 — *Le Bac.*

Une rangée d'arbres borde un étang, sur lequel on
voit deux barques dont l'une, à droite, chargée de trois
personnages, se dirige vers le bord. A gauche, un
groupe de petits personnages.

Dessin au lavis de sépia.

Haut., 23 cent.; larg., 17 cent. 1/2.

FRAGONARD
(JEAN-HONORÉ)

153 — *Homme lisant.*

Il est assis, de profil à gauche, les yeux attentifs sur
son livre, qu'il tient de ses deux mains sur ses genoux.

Dessin à la sanguine.

Haut., 34 cent.; larg., 23 cent. 1/2.

FRAGONARD
(JEAN-HONORÉ)

154 — *La Conversation.*

Dans un intérieur rustique, un villageois, dont on
n'aperçoit que le buste, interpelle une jeune paysanne
assise, à droite, sur un soubassement de pierre ; près
d'elle, un enfant à côté d'un vase. Dans le fond, on
distingue quelques personnages.

Dessin au lavis de sépia.

Haut., 21 cent. 1/2; larg., 16 cent. 1/2.

FRAGONARD
(JEAN-HONORÉ)

155 — *Ruines et figures.*

Dessin au lavis de sépia.

Haut., 25 cent. ; larg., 36 cent

FRAGONARD
(JEAN-HONORÉ)

156 — *Étude.*

D'après Lucas Giordano.
Dessin au lavis de sépia.

Haut., 20 cent. ; larg., 25 cent. 1/2.

FRAGONARD
(Attribué à JEAN-HONORÉ)

157 — *La Jarretière.*

Une jeune femme assise, coiffée d'un grand chapeau,
est penchée en avant pour rajuster sa jarretière.
Dessin à la sépia.

Haut., 36 cent. ; larg., 28 cent.

FRAGONARD
(Attribué à JEAN-HONORÉ)

158 — *Le Repos dans le parc.*

> Sur un banc de jardin à dossier fait de balustres,
> elle est allongée, une joue appuyée sur sa main droite,
> ses souliers aux hauts talons posés l'un sur l'autre.
> Crayon noir et léger lavis d'encre de Chine.
> En bas, on lit au crayon : *F...g.*
>
> Haut., 31 cent.; larg., 39 cent.

Vente des Goncourt, 15-17 février 1897, n° 85.

GAINSBOROUGH
(THOMAS)
1727 † 1778.

159 — *Portrait d'un jeune homme.*

> Vu à mi-corps, assis, de profil à droite, le visage
> presque de face. Fond de paysage.
> Dessin à la sanguine.
>
> Haut., 36 cent. 1/2; larg., 22 cent. 1/2.

Cadre ancien en bois sculpté doré.

Collection Warwick.

GREUZE
(JEAN-BAPTISTE)
Tournus, 1725 + Paris, 1807.

160 — *L'Amour endormi.*

Sous une draperie tendue sur des branchages, il dort
dans une pose abandonnée non sans tenir encore dans
ses mains son arc et son flambeau. Au-dessus de sa
tête, son carquois est suspendu près d'une colombe.

Lavis d'encre de Chine.

Haut., 3o cent.; larg., 36 cent.

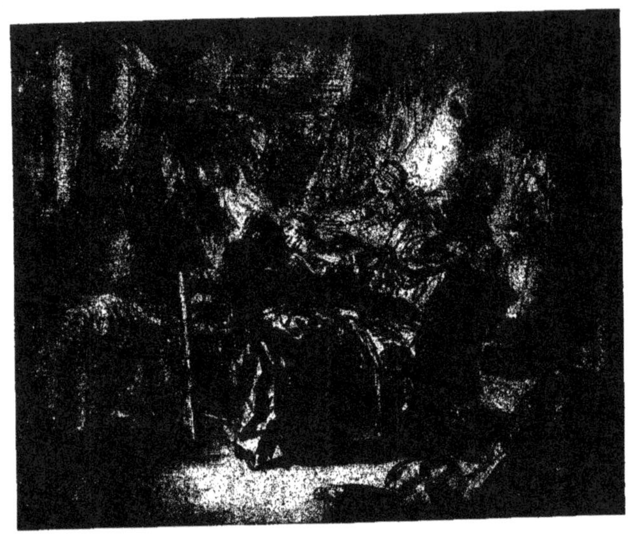

126

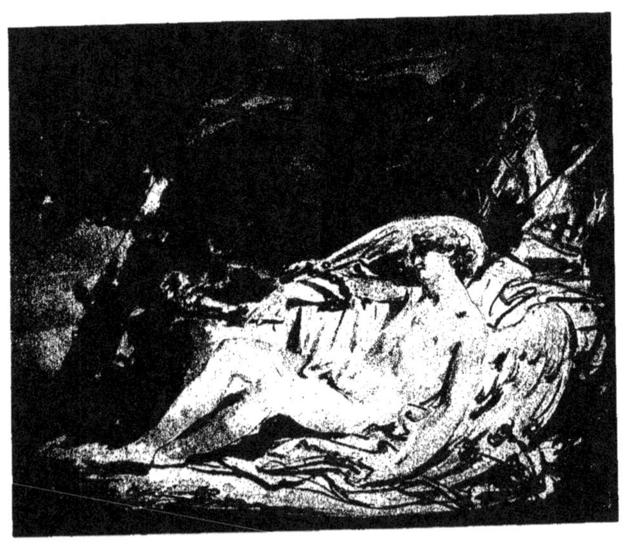

160

GREUZE
(JEAN-BAPTISTE)

161 — *Tête de vieillard.*

Étude pour l'un des tableaux du maître.
Vigoureux dessin au lavis avec rehauts de sanguine
et crayon noir.

Haut., 42 cent.; larg. 31 cent. 1/2.

GREUZE
(Attribué à JEAN-BAPTISTE)

162 — *Enfant effrayé.*

Dessin à la sanguine.

Haut , 37 cent.; larg., 27 cent

10

HOIN
(CLAUDE)
Dijon, 1750 † Dijon, 1807.

163 — *Confidences.*

Dans un bosquet, les amoureux sont assis côte à côte sur un banc de pierre; lui tient un livre de ses deux mains et lève les yeux vers elle.

Crayon lavé de sépia et d'aquarelle avec rehauts de gouache.

Haut., 34 cent. 1/2; larg., 27 cent. 1/2.

Cadre ancien en bois sculpté doré.

Ce dessin est l'esquisse ou la première pensée d'une importante gouache se trouvant dans une collection parisienne et qui présente, avec des variantes, la même composition.

Baron Roger Portalis : *Claude Hoin*. Paris, *Gazette des Beaux-Arts*, 1900, p. 20.

HUET
(JEAN-BAPTISTE)
Paris, 1745 † Paris, 1811.

164 — *Moutons.*

Dessin à la plume et lavis de sépia.
Signé et daté : *1767.*

Haut., 17 cent.; larg.. 25 cent

INGRES
(JEAN-AUGUSTE-DOMINIQUE)
Moutauban, 1780 † Paris, 1867.

165 — *Portrait de Madame Rhode.*

De trois quarts à droite, assise, le visage de face,
coiffée d'une sorte de turban, la main gauche sur l'épaule
droite, le bras droit allongé sous une écharpe laissant
apparaître la main parée de bagues.
Dessin au crayon.
Signé à gauche, en bas.

Haut., 20 cent.; larg., 15 cent. 1/2.

Henry Lapauze : *Ingres, sa vie et son œuvre.* Reproduit page 122.

LAMI
(EUGÈNE)
Paris, 1800 † Paris, 1890.

166 — *Le Baptême de Louis XIII, à Fontainebleau.*

Crayon et aquarelle.

Haut., 31 cent.; larg., 45 cent.

Vente Marcellin (1888), n° 260.

LAWREINCE
(NICOLAS)
Stockholm, 1737 † Paris, 1807.

167 — *Les Trois Sœurs.*

A la lisière d'un petit bois, toutes trois sont arrêtées; l'une d'elles tient un parasol.
Aquarelle rehaussée de gouache.

Haut., 15 cent.; larg., 12 cent.

C'est un fragment de la composition plus importante de l'artiste, gravée en contre-partie par Chapuy, et ayant pour titre : *la Promenade au bois de Vincennes.*

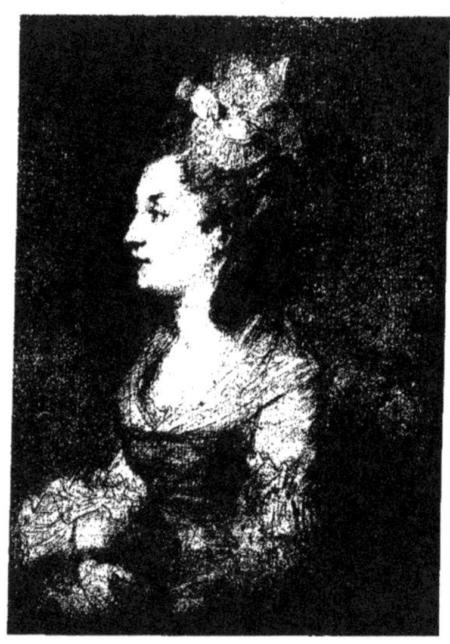

181

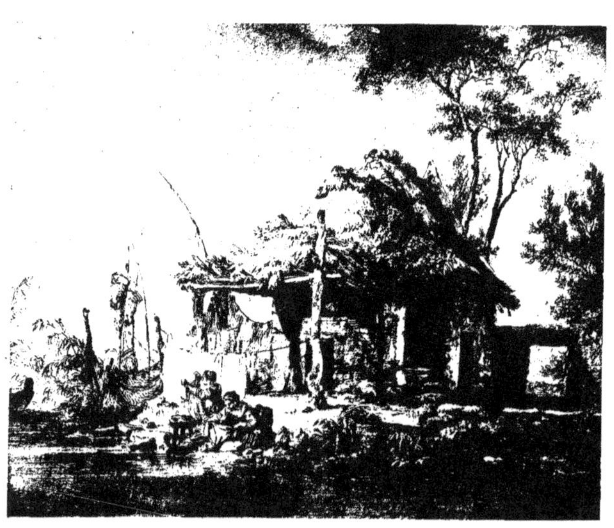

Hélio Léon Marotte Paris

168

LE PRINCE
(JEAN-BAPTISTE)
Metz, 1733 † Saint-Denis-du-Port, 1781.

168 — *Les Lavandières.*

Sur le bord d'une rivière coulant près d'une habitation
rustique couverte en chaume, deux paysannes lavent du
linge. Sur des cordes sèchent des draps, ainsi que des
filets de pêche.

Dessin au lavis de sépia.

Signé et daté : *1777,* en bas, à droite.

Haut., 26 cent. 1/2 ; larg., 32 cent.

LE PRINCE
(Attribué à JEAN-BAPTISTE)
Metz, 1733 † Saint-Denis-du-Port, 1781.

169 — *La Lecture au sultan.*

Dessin inachevé au crayon, lavis et rehauts de gouache.

Haut., 21 cent.; larg., 16 cent. 1/2.

MARÉCHAL
(LOUIS)
(École française, xviiie siècle)

170 — *Pagode sur une pièce d'eau.*

Au bord d'une pièce d'eau, dans un parc, on a édifié une pagode chinoise. A droite, un couple s'avance. Crayon et lavis de sépia.

Haut., 10 cent. 1/2 ; larg., 20 cent. 1/2.

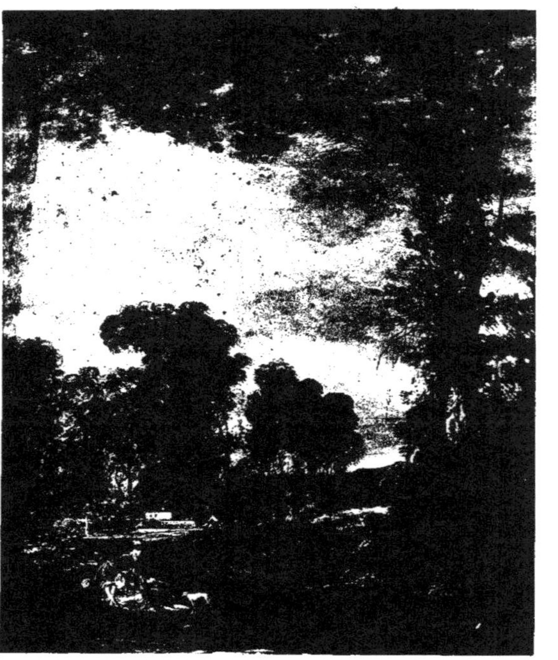

171

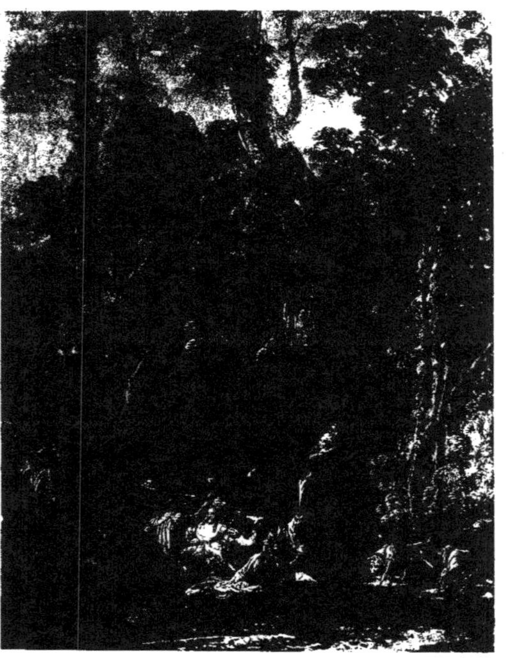

172

MOREAU l'Aîné
(LOUIS-GABRIEL)
Paris, 1740 † Paris, 1806.

171 — *Le Déjeuner champêtre.*

A l'ombre de grands arbres et près d'un ruisseau, un groupe de seigneurs et de dames achèvent leur repas en levant leurs verres en l'honneur d'un couple de promeneurs, passant à droite.

Gouache.

Haut., 25 cent.; larg., 19 cent.

Exposition universelle 1900. Exposition rétrospective de la Ville de Paris, n° 199 *bis*.

MOREAU l'Aîné
(LOUIS-GABRIEL)

172 — *La Halte dans le bois.*

Sur le bord d'un chemin à travers bois, des groupes de promeneurs ont fait halte. Au premier plan, à gauche, trois seigneurs et une dame accompagnés d'un chien; plus loin, un autre groupe de plusieurs personnages, se reposant aussi.

Gouache. Signée et datée : *1776*, en bas, à gauche.

Haut., 26 cent. 1/2 ; larg., 21 cent.

Cadre ancien en bois sculpté doré.

MOREAU l'Aîné
(LOUIS-GABRIEL)

DEUX PENDANTS

173-174 — *Vue du château de Vincennes.* — *Vue du Mont-Valérien.*

Paysages des environs de Paris animés de petites figures.

Aquarelles gouachées.

Signature et inscription autographes au crayon au-dessous de chaque sujet sur la monture.

Haut., 11 cent. 1/2; larg., 14 cent. 1/2.

Cadres anciens.

Exposition universelle de 1900. Exposition rétrospective de la Ville de Paris, nᵒˢ 198 et 199.

OUDRY
(JEAN-BAPTISTE)
Paris, 1686 † Beauvais, 1755.

175 — *Panneau décoratif.* Projet.

Cygne et chien, oiseaux et poissons morts.
Dessin à la plume et lavis d'encre de Chine.
Signé en bas, à droite.

Haut., 41 cent.; larg., 32 cent.

PANNINI
(GIOV.-PAOLO)
Plaisance, 1695 † 1768.

176 — *Ruines antiques.*

Elles sont animées de petits personnages.
Dessin à la plume lavé de sépia et d'aquarelle.
Signé des initiales, en bas, à droite.

Haut., 30 cent. 1/2 ; larg., 42 cent. 1/2.

PILLEMENT
(JEAN)
Lyon, 1727 † Lyon, 1808.

177 — *Têtes d'hommes.*

Deux études de têtes d'hommes barbus : l'un coiffé
d'un chapeau de feutre, l'autre d'un bonnet de fourrure.

Deux dessins dans le même cadre, aux crayons de
couleur.

Haut., 14 cent. 1/2 ; larg., 24 cent. 1/2.

PORTAIL
(JACQUES-ANDRÉ)
Nantes (?) Versailles, 1759.

178 — *Le Musicien.*

Assis de trois quarts à droite et pinçant de la guitare.
Dessin à la pierre noire et sanguine.
Signature (?) en bas, à droite.

Haut., 30 cent. ; larg., 22 cent.

11

PORTAIL
(Attribué à JACQUES-ANDRÉ)

179 — *Portrait de femme.*

De trois quarts à gauche, en buste, la chevelure parée
de fleurs.

Dessin aux crayons de couleur.

Haut., 25 cent.; larg., 20 cent.

RUBENS
(PIERRE-PAUL)
Siegen, 1577 † Anvers, 1640.

180 — *Rubens et sa famille.*

Le maître, donnant le bras à sa femme et suivi de
plusieurs personnages, se dirige vers la gauche. Devant
lui, un groupe de quatre enfants. Dans le fond, une
fontaine surmontée d'un dauphin.

Crayon noir et sanguine.

Haut., 21 cent. 1/2; larg., 32 cent.

Une composition analogue a été gravée par P. de Iode.
Vente Defer-Dumesnil, 10-12 mai 1900, n° 96.

SAINT-AUBIN
(AUGUSTIN DE)
Paris, 1736 † Paris, 1807.

181 — *Portrait de la femme de l'artiste.*

Représentée à mi-corps, de trois quarts à gauche, le
visage presque de profil. Elle est vêtue d'un corsage
garni d'un fichu de gaze, avec manches de dentelles, et
tient, dans sa main droite appuyée sur sa main gauche,
une bonbonnière. La chevelure, relevée et bouclée,
est parée d'une coiffe de dentelle et ruban.

Mine de plomb et léger lavis d'aquarelle.

Haut., 20 cent.; larg., 14 cent.

Cadre ancien en bois sculpté doré.

SCHENEAU
(JEAN-ELÉAZAR)
Scheneau, 1734 † 1806.

182 — *L'Arc brisé.*

Dessin, de forme ovale, aux trois crayons.

Haut., 27 cent.; larg., 21 cent. 1/2.

VINCENT

(FRANÇOIS-ANDRÉ)

Paris, 1746 † Paris, 1816.

183 — *Femme assise.*

Vue en pied, presque de face, vêtue d'une robe à volants, corsage décolleté et chapeau à plumes.

Important dessin aux crayons noir et blanc sur papier gris.

Signé en bas, à droite et daté : *1790.*

Haut., 53 cent.; larg., 41 cent.

Cadre ancien en bois sculpté doré.

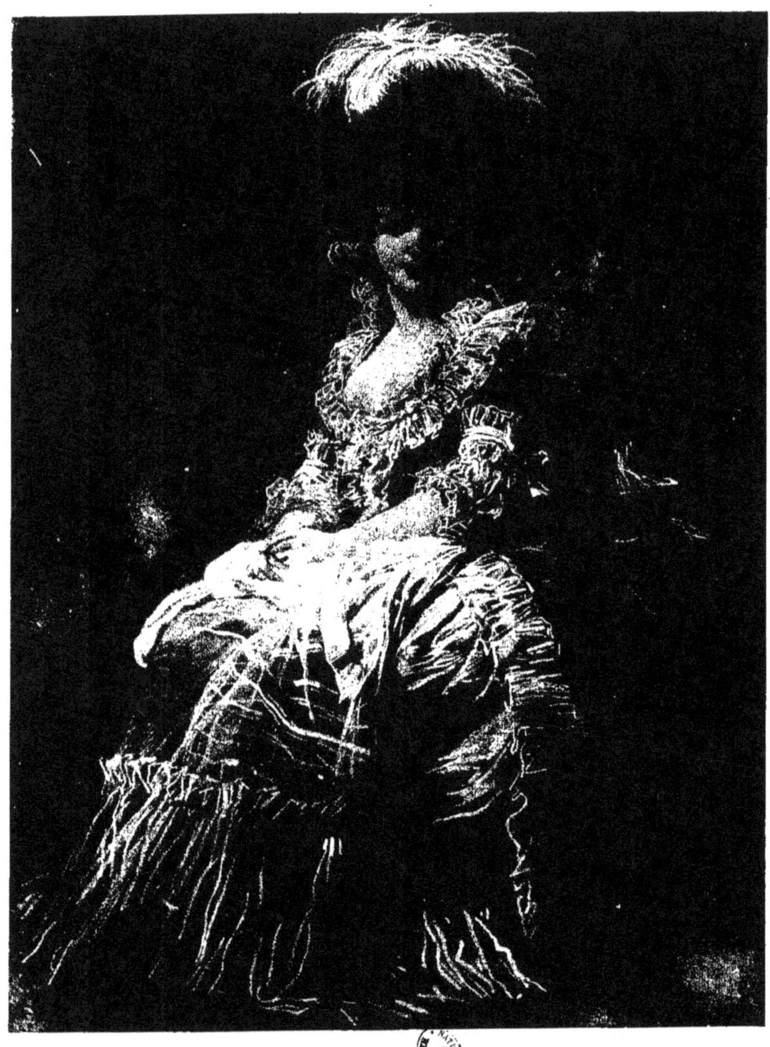

WATTEAU
(JEAN-ANTOINE)
Valenciennes, 1684 † Nogent-sur-Marne, 1721.

184 — *Deux têtes.* Etudes.

D'après J. Jordaens.
A gauche, une tête de vieille femme, de profil ; à droite, tête d'homme barbu, levant les yeux.
Dessin au crayon noir et à la sanguine.

Haut., 15 cent. 1/2 ; larg., 21 cent. 1/2.

WATTEAU, de Lille
(FRANÇOIS)
Valenciennes, 1758 † Lille, 1823.

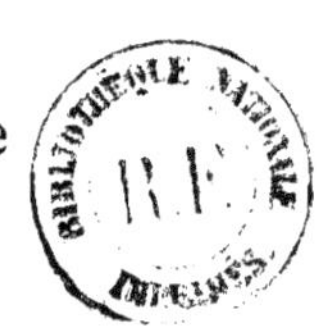

185 — *Badinage.*

Dessin au crayon noir, sanguine et lavis d'aquarelle.

Haut., 27 cent. 1/2 ; larg., 21 cent.

Exposition Universelle de 1900 : Exposition rétrospective de la Ville de Paris, n° 315.

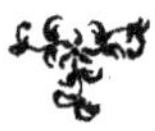

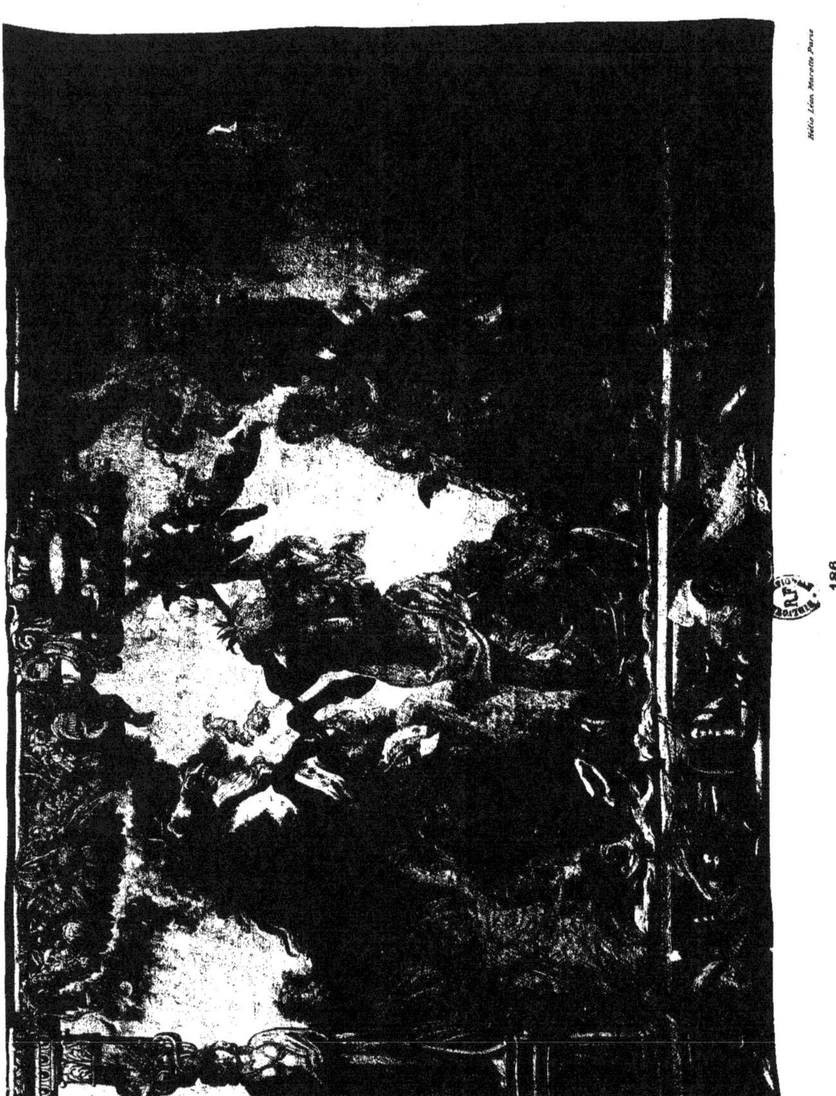

TAPISSERIE ANCIENNE

---

186 — TAPISSERIE de Bruxelles, du XVIIᵉ siècle, représentant
Neptune et Amphitrite, entourés d'amours, de tritons et
naïades. Entourage formant bordure, à décor de cariatides,
colonnes, cartel, amours, fleurs, fruits et attributs. Marques
de *Bruxelles* et de l'atelier de *H. Rymans.*

Haut., 3 m. 85 ; larg., 5 m. 35.

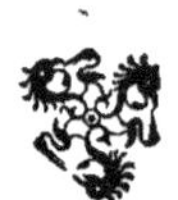

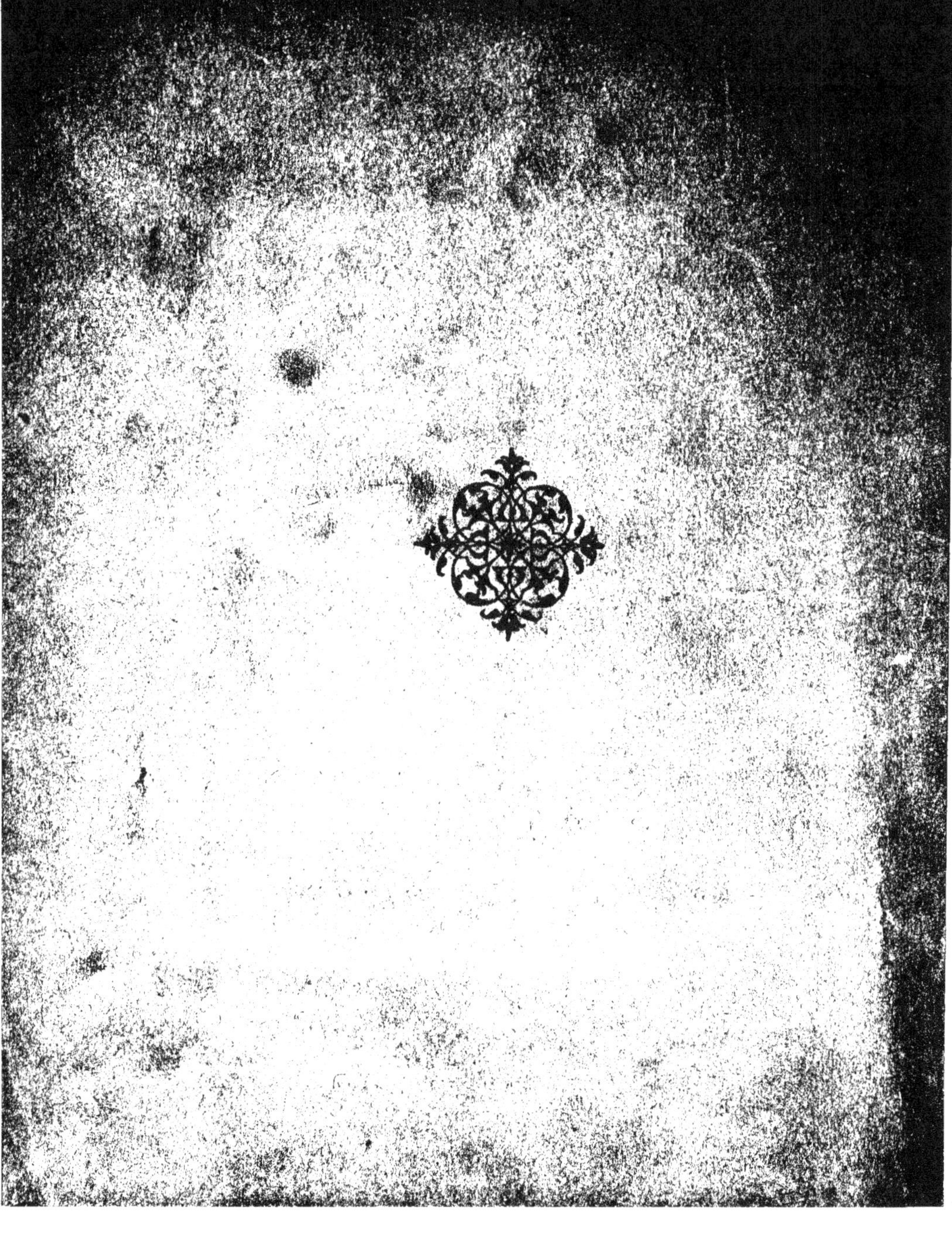

www.ingramcontent.com/pod-product-compliance
Lightning Source LLC
LaVergne TN
LVHW012308170726
843503LV00002B/643